转型时期中国
对外贸易政策研究

关嘉麟 著

人民出版社

前　言

　　对外贸易政策,作为经济政策的重要组成部分,是改善一国宏观经济调控的重要手段,是调整中观经济结构的有效途径,也是引导微观企业行为的常用工具。改革开放以来,中国对外贸易飞速发展,进出口贸易总额不断攀高,贸易结构持续改善。1992 年,党的十四大明确了中国社会主义市场经济体制改革方向后,中国对外贸易自 1994 年至今,连续 19 年实现顺差。这既得益于开放市场的活力,又得益于从计划经济体制向社会主义市场经济体制转轨过程中政府对中国对外贸易的良性政策干预。本书以自由贸易为基准,试图运用科学的经验性分析,将一国政府干预对外贸易活动的各项措施的合力进行量化,构建对外贸易政策干预指数,以判别一国对外贸易政策的真正取向,进而深入探究中国对外贸易政策取向的成因与绩效,为新形势下中国对外贸易政策的调整方向提供实证依据。本书共分八章,具体内容如下:

　　第一章,导论。主要介绍本书的研究背景、研究意义、基本概念、研究方法、结构安排以及本书的创新之处与有待进一步解决的问题。

　　第二章,对外贸易政策的理论基础与文献综述。一国对外贸易政策的理论基础基本是遵循两条主线发展演进的,即基于提高国民福利的对外贸易理论与基于实现国家利益的对外贸易理论。本章按照上述逻辑思路,首先对一国对外贸易政策的主要理论进行回顾,然后对相关文献进行综述,为搭建转型时期中国对外贸易政策的理论框架提供依据。

　　第三章,中国对外贸易政策的一般性分析。本章以马克思历史唯物主义方法为指导,首先介绍发展中国家对外贸易政策的演进过程,然后对改革开放以来中国对外贸易政策的演进过程及发展现状进行梳理,通过归纳不同时期中国对外贸易政策的基本措施,总结转型时期中国对外贸易政策呈现的基本特征。

第四章,中国对外贸易政策取向测度指标的构建。本章重在以经过笔者修正后的对外贸易商品实际比较优势指数(TRSCA)和对外贸易商品国际竞争力指数(TSC)为基础,构建对外贸易政策干预指数(G),搭建测度中国对外贸易政策取向的指标体系,为进一步测算中国对外贸易政策取向奠定基础。

第五章,转型时期中国对外贸易政策取向的动态分析。本章旨在测算1987—2011年中国对外贸易政策的分类取向、总体取向及其动态变化趋势。首先,按照第四章建立的测度标准对中国11类商品的对外贸易政策取向进行逐类测算,得出分类政策取向;其次,在对中国239种产品进行加权平均的基础上,对中国对外贸易政策总体取向进行测算,得出总体政策取向。

第六章,转型时期中国对外贸易政策影响因素分析。本章结合转型时期中国经济发展的总量目标、结构调整目标以及经济运行过程中存在的主要问题,详细论证了中国对外贸易政策形成的三个主要影响因素。转型时期贯穿中国经济运行轨迹的最主要总量目标是经济持续增长,最重要经济结构调整目标是城乡二元经济转换,存在的最突出问题是长期国内消费需求不足。这三个因素对于转型时期中国对外贸易政策分类取向及总体取向的形成都起着至关重要的作用。

第七章,转型时期中国对外贸易政策成因与绩效的实证分析。本章主要运用时间序列分析方法进行论证,将第五章测算的中国对外贸易政策总体取向与第六章分析的影响中国对外贸易政策形成的三个主要因素,即经济增长、城乡二元结构转换及国内消费需求不足纳入多变量模型(1987—2011),揭示转型时期中国对外贸易政策形成的原因与绩效。

第八章,结论与政策建议。根据上述规范分析与实证分析的结果,可以得出如下结论:第一,改革开放以来,中国对外贸易政策取向的演进趋势同中国的经济体制改革一样,都具有问题导向的渐进式发展特征。第二,从分类取向看,中国多年来一直对具有比较优势的低技术制成品采取极力支持、鼓励出口的态度;对于近年来刚刚显示出比较优势的加工型高技术产品也采取积极扶植、促进出口的态度;而对于不具有比较优势或已丧失比较优势的中等技术产品和初级产品及资源型产品则采取放任自流,甚至抑制出口的态度。第三,从总体取向看,转型时期中国对外贸易政策总体取向为重在提高中国商品国际竞争力的出口导向型对外贸易政策。这种政策取向的形成与转型时期中国经济发展的总量目标、结构调整目标以及经济运行中存在的主要问题有密切联系。时间序列分析结果显示,经济持续稳步增长目标、城乡二元结构有序转换目标和国内消费需求不足问题构成了中国对外贸易政策形成的内在动力。中国对外贸易政策绩效的实证分析还表明,转型时期中国政府通过政策干预,鼓励按照"超比较优势"(揠苗助长)的原则实施的出口导向型对外贸易政策总体取向对经济持续增长、城乡二元经济结构转换以及国内消费需求不足的作用并不显著,这便构成了中国今后调整对外贸易政策总体取向的有力证据。

目 录

第一章 导 论

第一节 研究背景与研究意义

一、研究背景

1978 年党的十一届三中全会揭开了中国经济体制改革和对外开放的帷幕,从此中国进入了一个由计划经济向社会主义市场经济过渡的体制转型期。经济体制改革与对外开放同时启动、互为补益。伴随着经济体制改革,与对外开放方针相适应的对外贸易政策开始形成并不断发展。1992 年党的十四大报告中明确提出中国经济体制改革的目标为建立社会主义市场经济体制后,中国对外贸易政策的目标由改革开放之初的以"出口创汇"、"重视出口效益"为主逐渐转变为以"完善社会主义市场经济体制"为主。2003 年,党的十六届三中全会提出"转变经济增长方式",通过"集约型增长"来实现可持续发展的方针,为此,自 2004 年以来,国家围绕着优化出口商品结构、着力提高产品质量、积极鼓励企业进口国内无法生产的先进技术设备和关键零部件以及促进加工贸易转型升级等方面制定了相应的"转变外贸增长方式"的对外贸易政策。2008 年全球金融危机爆发后,外部需求的萎缩导致中国出口增速迅速下滑,严重威胁经济增长。在"保增长"的宏观政策目标主导下,国家再次调整对外贸易政策,取消部分出口关税限制和加工贸易限制性规定,分步骤调整和提高出口退税率。① 由此可见,转型时期中国对外贸易政策存在明显的政府干预倾向,并具有为实现不同时期经济发展目标服务的阶段性特征。

---

① 傅自应. 中国对外贸易 30 年[M]. 中国财政经济出版社,2008.

一国对外贸易政策取向可归为两大类:一类是基于提高国民福利的自由贸易政策;另一类是基于实现国家利益的保护贸易政策。自由贸易政策的理论基础是比较优势理论,最早由英国经济学家大卫·李嘉图提出,并随着国际贸易实践的发展而不断完善,至今仍保持着旺盛的生命力。基于比较优势理论的对外贸易政策认为,市场调节可以实现社会资源的最优配置,实现国民最大福利。因此,政府不应干预市场运行,应让市场通过自由竞争实现均衡。进而认为,对经济活动"干涉最少的政府是最好的政府",政府的角色仅是经济运行的"守夜人"。[①] 保护贸易政策的理论基础在资本主义的不同发展时期各不相同,主要包括保护幼稚工业理论、动态比较优势理论、战略性贸易政策理论等。这些理论的共同点在于都认为市场的"自发调节"功能有其内在缺陷,必须通过政府对经济活动的有效干预才能实现资源的充分利用和经济的均衡运行。[②]

纵观改革开放以来中国对外贸易政策的具体措施,可以看出,转型时期中国实行的对外贸易政策显然不属于自由贸易政策。从政府对贸易活动的干预角度看,中国对外贸易政策似乎属于保护贸易政策范畴,但通过对西方保护贸易政策所保护的产业进行深入分析,可以发现,转型时期对外贸易取向又无法完全用现有的任何一个成熟的对外贸易理论进行解释。转型时期中国对外贸易政策的真正取向是什么?绩效如何?这恐怕需要以具有中国特色对外贸易政策的理论框架为基础,进行全方位的经验性分析后方可下结论。本书的逻辑起点是通过梳理东西方对外贸易政策的相关理论,对比转型时期中国对外贸易政策的实践,搭建具有中国特色对外贸易政策的理论框架。在此框架下,通过经验性分析全面考察转型时期中国对外贸易政策取向,并对其成因及绩效进行深入分析。

二、研究意义

(1)研究的理论意义

第一,中国在经济体制改革与对外开放中走出了一条成功的转型之路,

---

① 宋冬林. 西方市场经济理论的演化及启示[M]. 经济纵横,1993(4).
② 同上.

这条经济转型道路带有典型的"摸着石头过河"的阶段性发展特征。① 因此,中国的改革模式不同于一般国家,无法用现有的经济理论和模型较好地解释。② 中国对外贸易政策作为中国经济政策的重要组成部分始终以经济体制改革和经济发展为中心并不断调整,其理论基础无法用现有的西方国际贸易理论完整地解释。转型时期中国的对外贸易政策显然是有政府干预的,不同于基于比较优势理论的自由贸易政策;转型时期中国对外贸易政策重视鼓励已经具有比较优势商品的出口,又不同于旨在扶植尚不具备比较优势商品出口的保护贸易政策。有鉴于此,搭建中国对外贸易政策的研究框架并对其展开深入分析具有重要的理论意义。中国对外贸易政策理论框架的搭建需要建立在转型时期中国对外贸易发展实践的基础上,立足中国经济发展的实际状况,并充分借鉴现有国际贸易理论的研究成果。

第二,在转型时期中国对外贸易政策的总体取向上,国内外学界观点莫衷一是。争论的焦点为中国对外贸易政策是否为出口导向型。在现有的研究成果中,大多数学者都认为中国对外贸易政策倾向于出口导向,但此观点并未得到国家相关部门的认同。鉴于这些研究多基于对政策措施的简单描述和规范性分析,加之研究的视角各不相同,因此,很可能造成结论各异。本书试图将对外贸易政策中偏离比较优势的政策干预部分从整个对外贸易实践中剥离出来,通过经验性分析,全面论证转型时期中国对外贸易政策取向,并进一步检验对外贸易政策取向的成因与绩效,为今后中国对外贸易政策调整提供坚实的理论和实证依据。

(2)研究的现实意义

改革开放以来,中国主动开放国内市场,融入全球分工体系,坚持走外向型经济发展道路。中国经济总量已于 2010 年超过日本,跃居为世界第二大经济体,中国进出口贸易总量已于 2012 年超过德国,雄踞世界第二。对外贸易在拉动中国经济增长方面做出了重要贡献。国家统计局数据显示,中国国内生产总值由 1978 年的 3645.2 亿元增加到 2011 年的 472881.6 亿元,增长了 130 倍;中国商品进出口总额从 1978 年的 206.4 亿美元增加到 2011

① 张建君. 中国转型经济研究的文献回顾与理论发展[M]. 山东社会科学,2007(7).
② 林毅夫. 现有理论尚难解释中国奇迹[M]. 人民论坛,2008(4).

年的 36418.6 亿美元,增长了 176 倍,这足以反映出中国经济体制改革和对外开放政策的成效。

然而,随着中国经济的崛起和全球金融危机的爆发,中国未来对外贸易政策的取向难免会受到国内国际环境的双重约束。国内环境约束主要体现在三个方面,一是经济发展方式转型目标与粗放型外贸增长现状相矛盾;二是国内二元经济结构转换尚未完成,农村剩余劳动力转移的就业安置问题亟待解决;三是国内投资—储蓄长期失衡问题没能很好改善,外部失衡难以缓解。国际环境约束主要体现在三个方面,一是金融危机后发达国家经济普遍低迷,需求不振,中国靠外需拉动经济增长的模式恐难维系;二是保护主义抬头,贸易逆差国与中国的贸易摩擦不断升温,政策调控压力加大;三是劳动密集型制成品的成本优势已经开始向东南亚等国转移,中国多年的劳动力成本比较优势逐渐消退。因此,在工业化后期阶段,如何定位中国对外贸易政策的基调关乎中国经济未来的发展走向。

第二节　基本概念的界定

本研究以"转型时期中国对外贸易政策研究"为题,在展开全面论证之前,有必要将书文所关注的"转型时期"与"对外贸易政策"的特定内涵与范畴交代清楚,以避免可能出现的含义模糊与界定不清的嫌疑。

(1)转型时期

本书研究的"转型"包括经济体制和经济发展方式的转型。中国的经济体制转型开始于 1978 年党的十一届三中全会,这次会议开启了中国经济体制转型的初探,由传统的计划经济向社会主义市场经济转变,即实现市场化。中国的经济体制转型是与对外开放同步进行的,这就决定了这种转型不仅要实现国内经济的市场化,同时还要实现市场经济的国际化。[①] 1992 年党的十四大报告中正式确立中国经济体制改革的目标为建立社会主义市场经济体制,此时以价格机制为核心的市场机制已初步建立。此后又陆续完

---

① 洪银兴. 经济转型和转型经济理论研究[J]. 学术月刊,2004(6).

成了一系列改革,即农村家庭联产承包责任制改革、价格双轨制改革、发展非公有制经济改革等。①

中国经济体制转型的内涵随着体制改革的发展而不断丰富。中国的经济体制转型促进了中国经济的大发展,中国经济的大发展反过来又进一步促进了中国市场经济体制的不断完善。随着中国经济不断发展,体制转型中重"量"不重"质"的问题日益显露。1995 年党的十四届五中全会适时地将"经济增长方式由粗放型向集约型转变"与"计划经济向社会主义市场经济体制转变"放在同等重要的位置上,为未来的经济发展指明了方向。②2003 年党的十六届三中全会宣布中国社会主义市场经济体制基本确立,此后便进入中国经济发展方式的转型期。2007 年党的十七大报告中指出"转变经济发展方式"是"关系国民经济全局的紧迫而重大的战略任务",至此改革迈上了一个新台阶,经济转型进入了一个新时期。2012 年党的十八大报告中指出"全面深化经济体制改革"是"转变经济发展方式的关键",而经济体制改革的核心问题是处理好政府和市场的关系,强调"更加尊重市场规律,更好发挥政府作用"。综上所述,本书的"转型时期"涵盖了中国经济体制和经济发展方式转换的整个时期。

(2)对外贸易政策

对外贸易政策通常是指一国政府在一定时期内为实现既定的社会经济发展目标,运用经济、法律和行政手段,对其对外贸易活动进行管理和调节的各种措施的总和。各国在不同的发展阶段存在不同的对外贸易政策目标,而对外贸易政策措施则是实现不同时期政策目标的手段。③ 随着经济全球化和贸易自由化趋势的不断加强,各国对外贸易政策的具体措施也在不断更新。

第二次世界大战之前,各国的对外贸易政策措施以关税为主,1947 年关税与贸易总协定(GATT)成立后,各国针对进出口商品的关税普遍下调,进出口配额、出口补贴、自愿出口限制(VRE)、进口许可证、外汇管制以及歧视性政府采购日益代替传统的关税壁垒,成为各国实施对外贸易政策的主要

---

① 张建君. 中国转型经济研究的文献回顾与理论发展[J]. 山东社会科学,2007(7).

② 《中共中央关于制定国民经济和社会发展"九五"计划和 2010 年远景目标的建议》,党的十四届五中全会,1994.

③ 薛荣久. 国际贸易(第五版)[M]. 北京:对外经济贸易大学出版社,2008.

工具。经济全球化使世界各国的联系从未像现在这样紧密,各国间的竞争也从未如现在这样激烈。一国对外贸易政策的实施直接关乎其他贸易伙伴国的利益,通常来讲,自由的对外贸易政策更能受到其贸易伙伴国的青睐。WTO 成立之后,在反对使用任何贸易工具保护本国市场的自由贸易呼声下,上述非关税保护措施越来越没有生存的空间。但各国通过干预对外贸易活动实现本国利益的目标未曾改变,这就使对外贸易政策的具体措施朝着更隐蔽的方向发展。对外贸易政策工具所波及的范围在悄无声息地扩大,具体表现在一国对外贸易政策与财政政策、货币政策、产业政策等多项国内宏观经济政策的有机结合。出口退税政策是符合 WTO 规则的鼓励出口的财政性措施[1],目前已成为各国对外贸易政策的主要手段;汇率政策是浮动汇率下一国干预进出口的货币性措施,成为经济衰退期刺激出口的有效手段;[2]战略性贸易理论的出现在某种程度上使产业政策也成为对外贸易政策的工具。[3] 一国对外贸易政策已俨然变为一国干预对外贸易各种经济手段的集合。综上所述,本文的"对外贸易政策"是指一定时期内,一国政府为实现既定经济目标和解决主要经济问题而实施的干预对外贸易行为的各种经济措施的集合。

第三节　研究方法与结构安排

一、研究方法

本文的研究方法主要包括以下二种:

(1)现代统计学与计量经济学分析方法

本书第四章采用现代统计学的聚类分析法,以国际贸易标准分类(SITC Rev. 2)三位数为基础,按照 Lall(2000)的分类方法,将中国对外贸易 239 种产品按技术含量进行分类汇总,归为 11 个大类,分别测算中国对外贸易商品的比较优势和竞争优势。第七章主要采用计量经济学的经典时间序列分析方法检验中国对外贸易政策取向的成因与绩效。

---

① 孟繁华. 中国出口退税政策的发展历程及调整原因[J]. 中国商贸,2011(18).
② 曾令羽. 正确把握当前外贸形势与汇率政策[J]. 对外贸易实务,1999(6).
③ 景欣. 战略性贸易政策与中国新兴产业发展研究[J]. 商业时代,2011(22).

（2）规范分析与实证分析方法

本书第六章主要采用规范分析方法论证中国对外贸易政策的若干影响因素，第七章则进一步通过实证分析方法检验中国对外贸易政策与其影响因素的因果关系，为理论分析提供实证依据。

二、结构安排

本书的研究框架如图1.1所示。

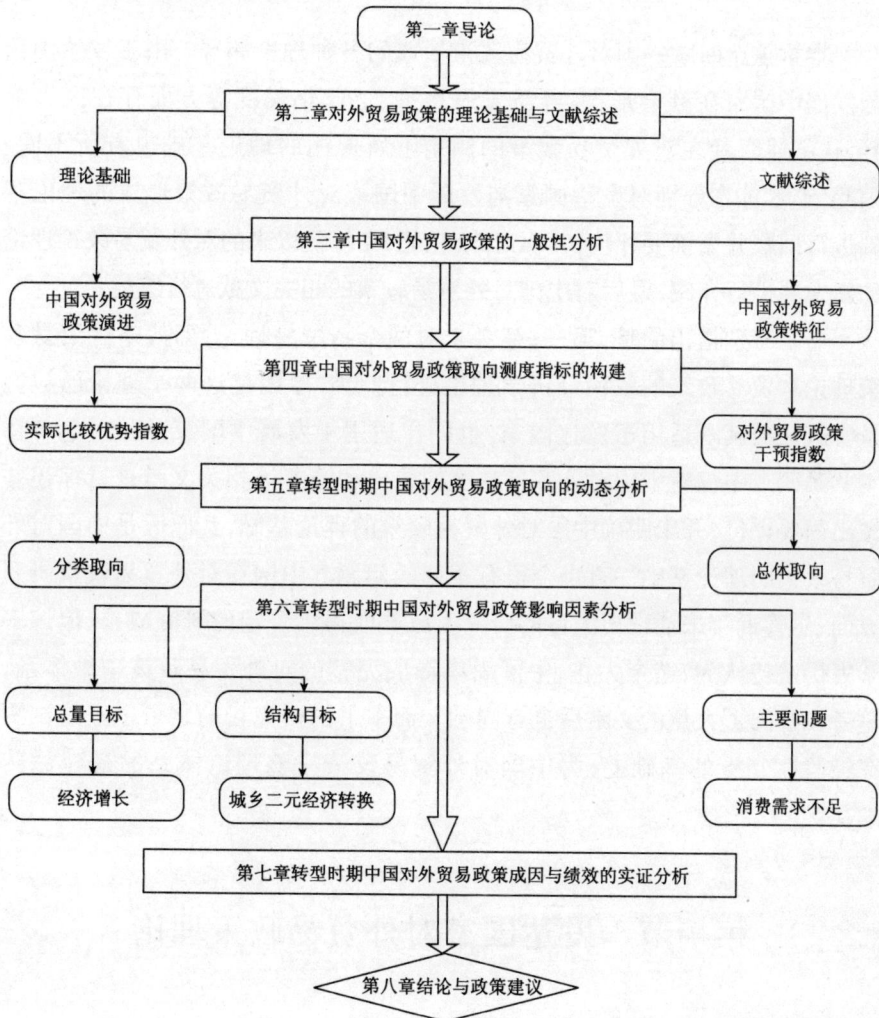

```
                    第一章导论
                        │
          ┌─────────────┼─────────────┐
第二章对外贸易政策的理论基础与文献综述
          │                           │
      理论基础                      文献综述
                        │
          ┌─────────────┼─────────────┐
第三章中国对外贸易政策的一般性分析
          │                           │
   中国对外贸易                   中国对外贸易
   政策演进                       政策特征
                        │
第四章中国对外贸易政策取向测度指标的构建
          │                           │
   实际比较优势指数               对外贸易政策
                                  干预指数
                        │
第五章转型时期中国对外贸易政策取向的动态分析
          │                           │
      分类取向                      总体取向
                        │
第六章转型时期中国对外贸易政策影响因素分析
          │                           │
   总量目标      结构目标         主要问题
      │            │                │
   经济增长    城乡二元经济转换    消费需求不足
                        │
第七章转型时期中国对外贸易政策成因与绩效的实证分析
                        │
              第八章结论与政策建议
```

图1.1 研究框架

第二章　对外贸易政策的
理论基础与文献综述

　　本章重点回顾一国对外贸易政策形成的各种理论渊源。由于发达国家与发展中国家在社会形态、经济发展水平、工业化程度等方面存在巨大差异，这就使两者在对外贸易政策的制定上所遵循的理论基础也有所不同。因此，笔者首先分别对发达国家与发展中国家对外贸易政策形成的理论基础进行回顾并做简要评价；其次对 20 世纪 80 年代以来的对外贸易政策理论的新发展进行介绍；最后对中国对外贸易政策的相关文献进行综述。

　　需要特别指出的是，第一，笔者未对两个新贸易理论，即战略性贸易政策理论和贸易政策的政治经济学理论进行归类，原因是这两个理论已被大量实践证明其既适用于发达国家，也同样适用于发展中国家；第二，笔者在本章第四节中仅对中国对外贸易政策的取向和绩效等相关文献进行综述并做出简要评价，并未明确中国对外贸易政策的理论基础，其原因是中国对外贸易政策的理论基础一直是个很有争议的问题。中国在对外贸易政策研究方面，尽管近年来涌现出大量的研究人员并取得了一定的研究成果，但许多学者仍坚持认为，迄今为止，中国尚未形成完整的对外贸易政策理论体系，笔者在参阅了大量的文献后也有同感。而本书的研究目的之一也正是试图在经验性分析的基础上，为中国对外贸易政策完整理论体系的搭建添砖加瓦。

第一节　发达国家对外贸易政策理论

　　发达国家对外贸易政策理论是西方学者对国际贸易实践的理论认识，

为发达国家对外贸易政策的制定提供了强有力的理论基础,它的演化过程反映了国际贸易实践的发展过程。了解这一过程,对于认识国际贸易发展的历史过程和国际贸易的一般规律,丰富和发展中国社会主义市场经济体制下的对外贸易理论有重要意义。纵观历史,一国对外贸易政策的理论基础基本遵循两条主线:一条主线是基于提高国民福利的古典与新古典自由贸易理论;另一条主线是基于实现国家经济目标的一系列国家干预贸易理论。一般来讲,基于提高国民福利的对外贸易政策更倾向于充分发挥本国的比较优势,基于实现国家经济目标的对外贸易政策更倾向于努力创造本国的竞争优势。

一、基于提高国民福利的对外贸易政策理论

（1）古典对外贸易理论

亚当·斯密(Adam Smith)是古典对外贸易理论的创始者,他以分工为研究的逻辑起点,认为分工是提高劳动生产率的最重要因素之一。他在其《国民财富的性质和原因的研究》(1776)一书中以家庭的例子推及国家,指出一件商品如果在本国制造比在他国制造所花费的成本高,就应放弃在本国制造,选择从他国进口,而这种建立在绝对优势基础上的国际分工和商品自由交换能使各国的福利都提高。他批判重商主义所认为的国际贸易是零和博弈,认为国际贸易是正的非零和博弈。斯密的绝对优势理论的政策含义在于:各国只要按照各自在产品生产上的绝对成本优势进行分工、生产并出口,同时进口其不具有绝对成本优势的产品就会实现社会福利的最大化,而政府的角色仅是做好市场经济的"守夜人",自由放任的经济政策是最优之选。斯密还详细论述了政府"守夜人"的三项职责:一是"保护本国社会安全,使之不受其他社会的暴行与侵略";二是"设立一个严正的司法行政机构,不使社会中任何人受到他人的欺负和压迫";三是"建立并维持公共机关和公共工程"。[①] 这些职责显然没有一项与国家干预对外贸易活动相关。依照斯密的绝对优势理论,两国分工并交换的前提条件是两国各自都拥有具有绝对优势的产品,然而这与现实状况不符。现实中确实存在着一些国家

---

① 亚当·斯密. 国民财富的性质和原因的研究[M]. 北京:商务印书馆,1972.

在生产所有产品上都具有绝对优势,而另外一些国家在生产任何一种产品上都不具有绝对优势的状况。斯密的理论无法解释现实中上述两类国家间存在大量贸易往来的事实,这也是绝对优势理论的局限性。

大卫·李嘉图(David Ricardo,1816)在其《政治经济学及其赋税原理》一书中以比较优势理论对斯密的理论进行了完善。李嘉图认为,国家之间,不论经济发展水平强弱,只要按照其相对的比较优势生产并交换产品,同样能实现正的非零和博弈。[①] 以比较优势为基础的对外贸易政策同样认为政府不应干预一国对外贸易活动,只有各国按照各自的比较优势进行自由贸易才能实现双方福利最大化。从某种程度上讲,绝对优势理论可以看作是比较优势理论的一种特例。比较优势理论发端于资本主义自由竞争时期,当时西方各国对贸易的干预严重束缚了资本主义市场经济的发展,因而资产阶级急切渴求使政府实施自由贸易政策的理论依据。以比较优势理论为指导的自由贸易政策的实施使当时正处于自由竞争时期的英法等国资本主义经济和对外贸易获得了空前的发展。

(2)新古典对外贸易理论

以比较优势理论为基础的古典对外贸易理论的自由贸易思想统治了西方国家长达一个多世纪。进入20世纪,随着资本主义的发展,多种生产要素投入成为各国生产的普遍特征,因此,将劳动作为唯一生产要素的比较优势理论假设条件与现实的状况严重不符,仅用劳动生产率的差异解释国际贸易动因的能力开始下降。

伊·菲·赫克歇尔(Eli F Heckscher)率先认识到国家间资源禀赋的差异也可能导致国际贸易的产生,他在1919年发表的《对外贸易对收入分配的影响》一文中提出了要素禀赋理论的核心思想,后被他的学生戈特哈德·贝蒂·俄林(Bertil Ohlin)在1933年出版的《区域贸易和国际贸易》一书中进行了完整深入的阐释,称为 H−O 定理。[②] H−O 定理阐释了在技术水平相同的条件下,国家间两种商品的比较优势产生于其要素禀赋的差异。H−O定理的政策含义为:各国应该根据不同的要素禀赋专业化生产并出口密集

---

① 大卫·李嘉图. 政治经济学及赋税原理[M]. 北京:商务印书馆,1962.
② 戈特哈德·贝蒂·俄林. 区域贸易和国际贸易[M]. 北京:商务印书馆,1993.

使用其丰裕生产要素的产品,进口密集使用其稀缺生产要素的产品。按此规则进行自由贸易,能够使参与贸易的国家都获益,而政府对贸易活动的干预反而会降低贸易国的福利。需要指出的是,H－O定理并没有否认国家间按照各自比较优势进行贸易的前提,而是将比较优势理论中的劳动是唯一生产要素的假设条件扩展为劳动和资本两种要素进行分析,因而并不是对李嘉图比较优势理论的否定,而是对其的扩展。H－O定理又被称为外生比较优势理论,是新古典国际贸易理论的代表。H－O定理详细论证了要素禀赋对各国开展对外贸易的重要作用,事实证明,当今世界上几乎没有哪个国家能够完全不按照其现有的要素禀赋进行国际分工和对外贸易。

二、基于实现国家利益的对外贸易政策理论

（1）重商主义思想

重商主义(Mercantilism)思想发端于16世纪中叶,盛行于17—18世纪中叶。重商主义认为对外贸易是"零和博弈",即一方获益,必有一方受损,因此长期来看一定要保证绝对的贸易顺差。托马斯·孟(Thomas Mun,1664)在其《英国得自对外贸易的财富》一书中指出,"贸易是检验一个王国是否繁荣的试金石,贸易顺差是一个国家获取财富的唯一手段"。当时的欧洲正处于资本原始积累初期,对财富的渴求胜于一切,各国政府纷纷从本国利益出发,采纳了重商主义的观点,以贸易顺差为最终目标实施了最早的保护贸易政策。对贸易进行全面干预的结果是为国家聚敛了财富,促成了资本的原始积累,实现了国家的最大利益。当然,重商主义者也认识到了这种贸易保护政策将会带来的后果。孟(1664)在他的书中提道:"由于所有国家的对外贸易政策都大同小异,所以,当我们在这方面有所动作时,其他国家会作何反应是很容易判断的事情。"[①]这就是所谓的贸易摩擦和贸易报复。

（2）保护幼稚工业理论

18—19世纪欧洲主流的贸易政策是以比较优势理论为基础的自由贸易政策。然而,几乎在同一时期,发展相对落后的美、德等国却不买自由贸易的账。美国第一任财政部长亚历山大·汉密尔顿(Alexander Hamilton)认

---

① 托马斯·孟. 英国得自对外贸易的财富[M]. 北京:商务印书馆,1965.

为,对于刚刚进入工业化发展阶段的国家,本国产业发展的"远期利益"要远远大于消费廉价产品的"近期利益"。他在 1791 年的《关于制造业的报告》中明确提出,应该实施通过提高进口商品关税以保护美国幼稚工业的对外贸易政策。汉密尔顿认为,美国的工业刚刚起步,处在成长中的制造业很难与英国发达的制造业相竞争,如果按照当时盛行的比较优势原则进行自由贸易,美国的制造业可能很难发展,而制造业的发展对美国国民经济的发展具有长远的意义。因此,美国的制造业要想得到发展,只能依赖政府的保护和扶植。汉密尔顿主张对那些正处于成长过程中的对本国工业发展有利的产业进行保护,对工业用原材料采取鼓励进口、限制出口的措施,同时鼓励工业技术的发展,提高制成品的竞争力。当然这种对幼稚产业的保护也不是无限度的,汉密尔顿认为,一旦这一产业成长起来后就应该撤掉贸易保护的壁垒。无独有偶,德国的弗里德里希·李斯特(Freidrich List,1841)与汉密尔顿的想法如出一辙,他在其《政治经济学的国民体系》一书中指出,比较优势理论不仅不会使德国的工业得到发展,反而会使德国一直落后于其他国家(英、法)。他认为,"财富的生产力的重要性要远远大于财富本身,它不但可以使已有的和已增加的财富获得保障,还可以使已经消失的财富获得补偿"。① 李斯特详细阐述了采用提高进口关税等措施保护本国幼稚产业发展的观点。他承认进口关税的提高起初会使国内制成品价格提高,但随着本国工业的成熟和发展,一段时期后国内制成品的价格一定会降到国外进口品的价格之下的。可见,他认为发展国家生产力的长期利益要胜过减少国内消费的短期损失。同汉密尔顿一样,李斯特也认为政府对某个幼稚产业的保护不能是无限期的,一旦这个产业发展起来了就必须撤掉保护,否则该产业将会失去发展的动力。美、德两国实施的以保护幼稚工业理论为中心的对外贸易政策为后来两国在经济上赶超英、法奠定了基础,也为后起国家实现工业化、提高产业竞争力提供了成功的范例。

(3)凯恩斯主义对外贸易理论

从 18 世纪中叶到 20 世纪 30 年代,以比较优势为中心的自由贸易政策在西方世界始终占据着统治地位。发生于 20 世纪 30 年代的资本主义世界

---

① 弗里德里希·李斯特. 政治经济学的国民体系[M]. 北京:商务印书馆,1997.

最大的经济危机动摇了自由贸易政策的统治地位。古典的以比较优势为基础的自由贸易理论无法解释更无法解决发生于1929—1933年的资本主义经济危机。一般来讲,任何经济现象都应该能用经济学的理论来解释,当现有的经济现象不能很好地用现有的理论加以解释时,此时也正是进行理论创新的好机会。约翰·梅纳德·凯恩斯(John Maynard Keynes)便是在古典学派理论熏陶下成长却对其大肆批判,并进行理论创新的代表。他在1936年出版的《就业、利息和货币通论》一书中指出,古典学派的自由贸易理论已经不适用于现代社会,因为古典学派经济学家所倡导的自由贸易理论是建立在充分就业的前提假设上,而1929—1933年的经济危机使英美等国失业率一度超过20%。[1] 凯恩斯认为,贸易顺差能够增加一国国民收入,刺激物价上涨,扩大就业,缓和国内危机,符合国家利益;相反,逆差则会减少一国国民收入,降低物价,加重失业,违背国家利益。他还提出对外贸易乘数理论,认为对外贸易顺差对国内就业和收入会产生乘数效应,使国内就业和收入成倍增长。因此,凯恩斯主义者在对外贸易政策上的态度表现为一切以国家利益为中心,鼓励出口,支持贸易顺差,反对贸易逆差。凯恩斯倡导的国家干预贸易甚至整个经济活动的政策使战后资本主义经济迅速得到恢复。

三、发达国家对外贸易政策理论简评

自国际贸易出现以来,一国对外贸易政策的选择一直是一个充满争议的问题。不同国家在同一时期可能会倾向于完全不同的对外贸易政策,同一国家在不同的发展阶段也可能会选择全然相悖的对外贸易政策。原因在于,各国在不同发展时期的政策目标各不相同,而同一国家在不同发展阶段的政策目标也不尽相同。总体来看,基于提高国民福利的自由贸易政策与基于实现国家利益的保护贸易政策的更替构成了西方发达国家对外贸易政策发展变化的基本线索。实行自由贸易政策的国家表现为政府对其对外贸易不施加任何干预,但实际上,"不干预"本身也可以认为是一种政策选择。同样,保护贸易政策的倡导者也并没有从根本上否定基于比较优势的自由贸易的一般正确性。李斯特认为后起工业化国家一旦解决了生产力落后的

---

① 约翰·梅纳德·凯恩斯. 就业、利息和货币通论[M]. 北京:商务印书馆,1999.

问题,自由贸易政策依然是个不错的选择。凯恩斯主义所倡导的政府对一国贸易的政策性干预是从已经实现工业化的国家为摆脱经济危机、寻求稳定的经济增长的角度阐述的。[①] 凯恩斯本人也认为比较优势理论是国际贸易诞生以来最经得起考验的理论。[②] 事实证明,西方发达工业化国家在经济复苏后纷纷以贸易自由化为发展方向。

综上所述,自由贸易政策与保护贸易政策的兴衰更替一方面反映了两种政策各有利弊;另一方面也表明在特定的时期下恰当地选择一国对外贸易政策至关重要。

第二节　发展中国家对外贸易政策理论

一、发展中国家对外贸易政策理论综述

20 世纪中叶以来,亚、非、拉国家和地区相继通过民族解放运动赢得了民族独立和国家主权,并开始将经济发展、社会进步和国民富裕作为国家发展目标。针对这些发展中国家普遍存在的二元经济结构、工业基础薄弱、技术水平落后和产品需求弹性小等经济问题,一些发展经济学家纷纷提出专门解决这些特殊问题的对外贸易理论和政策。

(1)"中心—外围"论

1949 年 5 月,阿根廷经济学家劳尔·普雷维什(Raul Prebiseh)在向联合国拉美经济委员会提交的一份题为《拉丁美洲经济发展及其主要问题》的报告中系统地提出了"中心—外围"论思想。后经汉斯·辛格(Hans Singer)在《投资与借贷国之间的收益分配》一文中加以完善,这一理论也被称为贸易条件恶化论。普雷维什认为,按照传统比较优势理论进行的国际分工已日益将世界经济格局分为两部分,一部分是"大的工业中心"国家;另一部分是为"大的工业中心"提供粮食和原材料的"外围"国家。而按照这种分工格局进行交换的利益分配是极不平等的,大多数贸易利益都被处于"中心"地位

---

① 佟家栋等. 国际贸易政策的发展、演变及其启示[J]. 南开学报,2002(5).
② 李文峰. 贸易政策形成研究[D]. 中国社会科学院,2001.

的发达国家所占有；而处在"外围"的发展中国家的贸易条件（进口与出口产品价格之比）则会不断恶化，其对外贸易和工业发展速度也将放缓。因此，普雷维什建议处于"外围"地位的发展中国家应采取以发展本国工业为中心的、温和的、有选择的保护贸易政策，以摆脱长期以来建立在比较优势基础上的不利于发展中国家经济发展的国际分工格局。他认为，"外围"国家要发展本国经济，不能依靠初级产品的出口，而是要以实现工业化为目标改变自身的产品结构和贸易结构，降低初级产品在对外贸易中的比重。鉴于"外围"国家普遍存在的工业基础设施薄弱、生产成本高、制成品出口竞争力弱等问题，普雷维什建议"外围"国家优先发展进口替代工业，重点生产国内急需的消费品和制成品，以取代之前对这些产品的进口。20世纪50—60年代，印度、墨西哥、巴西、韩国等发展中国家纷纷实行以"中心—外围"论为基础的进口替代型对外贸易政策，并取得了一定的成效。①

（2）"剩余出路"论

1954年，缅甸经济学家迈因特（U Hla Myint）针对发展中国家普遍存在的未被利用的自然资源和剩余劳动力现象，提出发展中国家通过对外贸易发展本国经济的思路，即"剩余出路"理论。迈因特认为发展中国家人口增长速度快，存在着相当规模的剩余劳动力，而生产和出口远未达到生产可能性曲线的最大值。因此，在既定的贸易条件下，发展中国家可以扩大初级产品和劳动密集型制成品的生产和出口规模，这样一方面能够使剩余劳动力得到充分的利用，增加就业；另一方面也可通过出口拉动本国经济增长。"剩余出路"理论从自然资源剩余和劳动力剩余的角度论证了发展中国家开展对外贸易的基础，为发展中国推行出口促进型对外贸易政策提供了理论基础。

（3）"关联效应"论

美国发展经济学家阿尔伯特·赫希曼（Albert Hirschman）在其1958年发表的《经济发展战略》一书中提出"关联效应"理论，认为一国各个产业部门之间存在着相互联系、相互依存、相互影响的关系。这种"关联效应"是普

---

① Srinivasan, T. N.. "External Sector In Development: China and India, 1950 – 89". *The American Economic Review*, 1990(5).

遍存在的,但在不同产业部门之间效应大小不同。赫希曼将"关联效应"分为"前向关联"和"后向关联",前向关联是指一个产业与购买其产品的产业之间的联系,后向关联是指一个产业与为它提供原材料、中间产品的产业之间的联系。① 赫希曼认为,发展中国家对制成品的市场需求量很大,不缺乏前向关联,而由于原材料等资源和资本相对稀缺,发展中国家普遍缺乏后向关联。因此,以稀缺资源应该得到有效利用的角度出发,他认为发展中国家应该集中有限的资源和资本,优先发展"进口替代"工业。"进口替代"工业的发展既可以减少对机器设备和原材料的进口,又可以生产人民生活急需的和有利于国内工业发展的产品,实现最大的"关联效应"。

(4)"支配—依附"论

1975 年,巴西发展经济学家特奥托尼奥·多斯·桑托斯(Theotonio Dos Santos)在"中心—外围"论的基础上,提出了更为激进的"支配—依附"论。② 多斯·桑托斯认为,发达国家利用跨国公司等工具掠夺发展中国家的"经济剩余"是一种新殖民主义政策,属于帝国主义理论的组成部分。帝国主义理论包括向外扩张的经济中心和作为扩展对象的附属国两部分。新殖民主义政策通过在国际贸易上的不平等交换使发展中国家在经济上受发达国家的剥削和支配,贸易条件恶化,并成为其经济附庸。这种"支配—依附"关系最终导致富国越富,穷国越穷。鉴于此,多斯·桑托斯认为,发展中国家应该通过保护贸易政策提高本国工资率和利润率,改善贸易条件,逐渐消除国际贸易中的不平等交换,摆脱与发达国家的"支配—依附"关系。

二、发展中国家对外贸易政策理论简评

在发展中国家对外贸易适用性方面,一些发展经济学家认为传统的国际贸易理论同样适用于发展中国家,但大多数发展经济学家则认为传统的国际贸易理论是以发达国家的经验和利益为基础的,并不完全适用于发展中国家。③ 这些学者先后提出一系列适用于发展中国家的对外贸易理论和

① 林红玲. 发展中国家对外贸易理论和政策及其对中国的借鉴意义[J]. 辽宁大学学报, 1993(3).
② 特奥托尼奥·多斯·桑托斯. 帝国主义与依附[M]. 社会科学文献出版社,1999.
③ 薛进军. 发展中国家的国际贸易理论及其对中国的启示[J]. 经济研究,1989(7).

政策,可以看出,这些理论更多地倾向于有政府干预的保护贸易政策,在保护工业发展方面与西方国家提出的保护幼稚工业理论有相似之处,但又有专门针对并力图解决发展中国家存在的特殊问题的特点,在一定程度上对发展中国家的对外贸易发展起到了指导作用。但也可以看出,这些发展中国家的对外贸易理论普遍存在体系不完整、普适性不强的局限性,如果不顾各个发展中国家的特殊国情和发展实际而照搬这些理论很可能会适得其反。

第三节　对外贸易理论的新发展

一、战略性贸易政策理论

20世纪80年代以前的对外贸易政策理论无论是政府"干预"型的还是"不干预"型的都存在一个共同的理论假设,即市场是完全竞争的,事实上,这个假设条件与现实的市场特征并不相符。1981年,加拿大经济学家詹姆斯·布兰德(James Brander)和芭芭拉·斯潘塞(Barbara Spencer)在《存在潜在进入者条件下对外国厂商征收关税和抽取垄断租》一文中率先阐述了不完全竞争,特别是寡头垄断才是当今市场的主要特征,这一观点的提出颠覆了当时几乎所有贸易政策的理论基础。随后,布兰德、斯潘塞、克鲁格曼等人先后提出了以不完全竞争和规模经济为理论假设,以产业组织中的市场结构理论和企业竞争理论为分析框架,主张适当干预贸易促进产业发展的战略性贸易政策理论。克鲁格曼认为,尽管国际贸易中通行的原则是"非零和"的,但在不完全竞争的市场结构下,一国消费者损失的经济利益就是另一国垄断企业的垄断利润所得,这种因不完全竞争而产生的"额外利润"在两国之间的分配又表现为"零和"的博弈,这构成了采取战略性贸易政策的基础。[①] 战略性贸易政策不同于以往的对外贸易政策,战略性贸易政策主张政府采取各种经济措施对贸易进行干预以支持本国产业发展战略,实现利

---

① 佟家栋. 贸易自由化、贸易保护与经济利益[M]. 经济科学出版社,2002.

益最大化。① 为了实现这一目标，一国对外贸易政策的选择并不是单纯的贸易保护政策，有时还表现为自由贸易政策主张。克鲁格曼认为战略性贸易政策不必然导致保护贸易政策。另外，战略性贸易政策还表现为与一国的产业政策相结合的特点，这就决定了一国干预对外贸易的意图不但会体现在一国对外贸易的政策措施上，而且还会渗透在国内各项经济的政策措施中。战略贸易政策获得了空前的甚至是处于各个发展阶段的国家的青睐，许多学者都认为，日本、韩国等东亚国家获得的高速经济增长有赖于其在第二次世界大战后实施的战略性贸易政策。②

二、贸易政策的政治经济学理论

纵观世界对外贸易政策发展的历史可以发现，尽管政府"不干预"的自由贸易政策几乎在全世界范围内受到推崇，但现实中各国政府的政策选择往往不是自由贸易政策，这种现象单纯从经济学角度很难解释，政治学与经济学的跨学科研究的发展在某种程度上对这一现象做出了解释。20世纪80年代兴起的新政治经济学试图解释经济政策背后的政治因素，考虑政治行为约束下贸易政策的内生性问题，构建了大量贸易政策内生化理论模型。鲍德温(Baldwin,1985)将早期的贸易保护政治经济学模型进行了精辟的归类，包括利益集团模型、选举最大化模型、历史现状模型、社会公平模型和比较成本假说模型。晚期贸易保护的政治经济学模型有中间选民模型、政治捐献模型等。其中，格罗斯曼(Grossman)和赫尔普曼(Helpman)在1994年建立的经典的保护代售模型为内生性贸易政策研究提供了完整的理论框架，是迄今为止贸易政策的政治经济学领域中最具影响力的理论模型。③ 模型中假设政府是同时兼顾"个人利益"和"公共利益"的"民主"的政府，而利益集团的政治捐献会影响政府对贸易政策的选择，政府在利益集团政治捐献和选民福利之间进行博弈，寻求政府目标函数，即社会福利函数最大化。④ 主要结论为：当利益集团的组织性越强，进口需求弹性越小时，贸易保护率

---

① 郭克莎. 中国工业发展战略及政策的选择[J]. 中国社会科学,2004(1).
② 邢孝兵. 贸易模式与贸易政策研究[M]. 经济科学出版社,2010.
③ Grossman,Helpman. "Protection for Sale". *The American Economic Review*,1994(9).
④ 盛斌. 国际贸易政策的政治经济学：理论与经验方法[J]. 国际政治研究,2006(2).

越高;反之,没有组织或组织性越弱的行业,获得的贸易保护率越低。由于格罗斯曼和赫尔普曼的保护代售模型生动地刻画了代议制民主下贸易政策的内生过程,因而有些学者热衷于将此理论模型应用于实证研究,也取得了丰硕的成果。其中,最优秀的成果是由高登伯格和马吉(Goldberg,Maggi,1997)对此模型进行的实证检验。该研究通过对非关税壁垒的政治决定因素进行计量检验,结果证实了美国高度重视社会利益和经济活动政治化的假说,也充分验证了保护代售模型的巨大贡献。

第四节　中国对外贸易政策文献综述

一、中国对外贸易政策取向述评

(1)中国对外贸易政策理论与取向综述

改革开放三十多年来,中国对外贸易取得了举世瞩目的成绩,这与中国适当的对外贸易政策的选择密不可分。然而,关于中国对外贸易政策体系的理论基础和政策取向这一问题在国内学术界一直没有形成统一的结论。林毅夫等人(2003)认为改革开放以来中国正是实施了以比较优势战略理论为基础的对外贸易政策,充分发挥了农村劳动力丰富的比较优势才使经济获得了飞速发展。他认为,考察一个国家实施的对外贸易政策是否以比较优势战略为基础,不在于观察政府是否出台了某项对外贸易措施或产业政策,而在于检验其实际发展路径是否遵循了其要素禀赋的比较优势,而纵观中国的经济发展路径,确实遵循了这一比较优势。佟家栋等人(2002)却认为建立在发展财富的生产力基础上的保护幼稚工业理论是中国制定对外贸易政策的重要理论基础。他承认战略性贸易政策不完全适用于中国的对外贸易发展,但也不否认适度并恰当地选用战略性贸易政策措施对中国的产业升级有益。[①] 贾根良等人(2008)认为以重商主义思想和保护幼稚工业理论为基础的对外贸易政策才是中国获得经济腾飞的重要经验。[②] 谢娟娟

---

① 佟家栋,王艳.国际贸易政策的发展、演变及其启示[J].南开学报,2002(5).
② 贾根良,黄阳华.经济社会体制比较[J].评发展中国家贸易保护还是自由贸易的新争论,2008(5).

(2009)认为中国对外贸易政策的理论基础处于不断变化之中:改革开放初期至20世纪90年代,中国实行的是以保护幼稚工业理论和发展中国家"中心—外围"论为基础的对外贸易政策;从20世纪90年代至入世前,中国实行的是倾向于贸易自由化的过渡性贸易保护政策,存在重商主义思想的痕迹;入世以来的贸易政策则倾向于以动态比较优势理论为指导,重视由静态比较优势向动态比较优势过渡。[①]

　　中国在改革开放之前的对外贸易政策取向几乎被一致认为是进口替代型的,而改革开放以后中国的对外贸易政策取向问题,从国内外的研究来看,尚未形成统一的观点。当然,从大的方向看,几乎没有观点支持中国实行的是完全自由的对外贸易政策,显然中国实行的是有政府干预的对外贸易政策,但就具体的干预取向问题观点各有不同。其中,尹翔硕(1998)、朱文晖(1998)、吴敬琏(2007)、贾根良(2008)、王晋斌(2010)等人认为,改革开放以来中国实行的是"出口导向型"对外贸易政策。然而也存在不同的观点。世界银行专家认为中国自1978—1994年间的对外贸易政策为"进口替代和出口导向"并存。盛斌(1999)则将改革开放以来中国的对外贸易政策取向划分为四个阶段,即"进口替代与边际出口导向"—"以出口促进抵消进口替代"—"出口促进与边际贸易自由化"—"贸易自由化"。伍先斌(2002)则认为改革从开放到20世纪90年代初,中国实行的是对进口替代和出口促进都歧视的"进口促进型"对外贸易政策。值得注意的是,中国政府并未在任何场合公开承认改革开放以来中国实行的上述任何类型的对外贸易政策,但显而易见,在改革开放后相当长的一段时期内,中国的对外贸易政策并非如政府宣称的所谓"平衡的贸易政策"。

　　(2)中国对外贸易政策简评

　　一国的对外贸易政策通常是以一定的国际贸易理论为基础制定的。18—19世纪的英、法是以比较优势理论为基础推行的自由贸易政策,19世纪的美、德则是以保护幼稚工业理论为基础推行的保护贸易政策。而中国在改革开放以后推行的一系列贸易政策的理论依据却不很清晰。有学者认为中国对外贸易政策体系是在保护幼稚工业理论基础上建立起来的,还有学

---

① 谢娟娟.后危机时代中国对外贸易政策取向探索[J].国际经济合作,2009(12).

者认为中国对外贸易政策的制定是遵循 20 世纪 80 年代兴起的战略性贸易政策理论,更有学者认为中国对外贸易政策取向弥漫着浓烈的重商主义思想。当然,也有少数学者认为中国对外贸易政策是遵照比较优势理论而制定的。问题的关键在于,持上述不同观点的学者都不在少数,这更反映出这一问题的复杂性。改革开放以来,在中国对外贸易政策的某些片段中确实能够找到上述几乎每个理论的影子,但又不能被上述某一个理论全部解释,这恐怕与转型时期中国的特殊历史背景有关。

综上所述,鉴于改革开放以来中国对外贸易政策取向问题并不十分明朗,因此有必要将此问题作为本研究的首要问题,这也是进一步分析中国今后是否需要改变或调整这一政策取向的非常重要的逻辑起点。

二、中国对外贸易政策实证述评

（1）中国对外贸易政策效果综述

一国落实对外贸易政策的传统措施有进口关税、出口补贴、进出口配额、自愿出口限制（VER）、进口许可证、外汇管制以及歧视性政府采购等。随着各国对外贸易实践的发展,人们发现了更加隐蔽的可以改变一国对外贸易活动的各种经济措施,如汇率、出口退税以及产业政策等都可以作为一国对外贸易政策的工具。在目前的国内外文献中,评价一国对外贸易政策的效果多数是通过考察上述具体政策工具的作用效果来实现的。[①] 下面就国内学者对改革开放以来中国主要对外贸易措施及政策效果的研究成果进行综述。

进口关税措施作为一国限制进口和促进产业结构调整的重要手段,在 1947 年关贸总协定（GATT）签订之前一直保持着旺盛的生命力。GATT 的成立要求各成员国逐渐降低进口关税壁垒。中国在改革开放以后逐渐降低关税税率,尤其是自 1992 年开始为重返 GATT,加入世界贸易组织（WTO）,先后 5 次调低了进口关税税率。在此期间,国内学者对中国关税措施的政策效果进行了多角度考察。胡昭玲（2000）以中国轿车行业为例,以 Dixit（1988）

---

① Yu Hong, Jialin Guan, Hongwei Su. "Can Export Facilitation Improve Chinese Comparative Advantage?". *Advances in Information Sciences and Service Sciences*, No. 19, 2012（4）.

的模型为基础,测算了中国在 1992 年针对轿车行业采取的进口关税措施的效果。实证分析显示:第一,制定恰当的进口关税税率确实可以提高国民福利,而过高的关税税率则会降低国民福利;第二,1992 年中国实行的优惠税率及普通税率都远高于最优税率。① 可见,中国 1992 年对汽车行业的保护是过度的,导致了国民福利的降低。王恬(2009)以中国制造业内资企业 27 个行业为研究对象,分析了 1999—2004 年间中国进口关税减让和美国进口关税减让对中国制造业内资行业生产率的影响,发现无论是采用执行关税还是最惠国关税作为中国关税变量,中国进口关税减让都会对中国制造业内资行业产生冲击,显著降低这些行业的生产率。另外,当采用执行关税作为美国关税变量时,美国关税减让对中国制造业内资行业生产率则会产生明显的促进效应。② 可见,单边的关税减让措施对本国制造业发展不利,双边对等的和互惠的关税减让才是贸易自由化的基础。

进口配额措施是继关税壁垒后各国普遍使用的限制进口数量、保护国内企业的非关税壁垒,盛行于 20 世纪60—80 年代。80 年代以来,"乌拉圭回合"谈判要求成员国实现配额关税化后,配额减让成为主要的趋势。胡立法(2001)以自由贸易为基准,发现进口配额的实施会形成国内垄断,造成中国国民福利净损失。③ 为此,中国在合理利用进口配额保护相关产业和国内市场的同时,要采取必要措施抵补进口配额产生的负效应。王世军(2003)重点研究了中国入世后配额减让对进口汽车价格的影响,认为汽车进口配额逐步减让降低了进口汽车的价格,在 2005 年全部取消汽车进口配额后这种影响逐渐消失。④ 对于农产品关税配额方面,目前中国针对农产品的关税配额管理主要针对小麦、玉米、棉花等 6 类农产品,除棉花外,其他 5 类的配额完成率普遍较低。棉花是唯一超额完成的配额管理产品。⑤ 自 2004 年以来,中国政府为了保护棉农的利益对棉花进口实施配额管理办法,这表明了国家稳定国内棉花市场的决心,但由此产生的进口配额分配不公,伤害中小

① 胡昭玲. 战略性贸易政策应用于中国汽车行业的经验分析[J]. 世界经济,2000(9).
② 王恬. 关税减让对中国制造业行业生产率的影响[J]. 国际商务,2009(3).
③ 胡立法. 进口配额的经济负效应及中国的抵补对策[J]. 对外经济贸易大学学报,2001(3).
④ 王世军. 入世后关税和配额减让对进口汽车价格的影响[J]. 数量经济技术经济研究,2003(9).
⑤ 程杰,鄂德峰. 关税配额未完成:理论根源与实证分析[J]. 国际贸易问题,2009(7).

棉纺企业利益的问题并未得到很好的解决。2012 年国家发改委颁布了《2013 年粮食、棉花进口关税配额数量、申请条件和分配原则》,公布了 2013 年中国主要粮食作物和棉花的进口配额数量,并对申请棉花进口关税配额的棉纺企业规定了非常严格的门槛,这种制度安排很可能造成有资质的企业拿到配额后未必用于生产,而绝大多数中小棉纺企业只能通过其他途径购买配额。中国纺织业联合会会长杜钰洲认为,目前的进口配额制度就是寻租体制,严重损害了实体经济利益,阻碍了纺织产业的良性发展。①

出口补贴措施是一国鼓励出口的常用工具。对参与国际竞争的本国出口企业提供直接的或间接的出口补贴是世界各国的共同做法,在第二次世界大战后被发达国家广泛采用,也是中国自改革开放以来为吸引外资、加快经济增长的对外贸易政策的工具之一。王根蓓(2011)建立了中国经济出口补贴—消费补贴局部均衡模型,得到了关于出口补贴政策的相关结论,即出口补贴政策具有保护本国出口商既得利益、损害非出口部门生产者和消费者利益的效应,造成了本国国民福利净损失;同时还有恶化贸易条件、挤出外国竞争部门产出的效应,从而也加大了外国实施反倾销、反补贴诉讼的风险。她认为,目前应该将单一的出口推动政策转为出口推动与内需扩大并举的政策,待各国刺激经济增长和促进就业的目标基本实现,且外国反倾销、反补贴成为中外贸易的主要矛盾时,推行以消费补贴为核心的内需扩大政策是中国未来经济持续增长的内在需要。②

自愿出口限制措施(VER)也是一种限制进口的手段,与进口配额所不同的是其往往是在进口国的要求和压力下由出口国直接对本国商品采取的限制出口措施。自从加入 WTO 以来,中国最受瞩目的自愿出口措施是针对其最具比较优势的纺织服装行业。随着 2005 年 1 月 1 日乌拉圭回合所达成的《纺织品与服装协议》生效,针对纺织品贸易长达四十多年的全球配额体制被取消,具有强比较优势的中国纺织服装品似乎可以在世界市场上大展拳脚。然而,后配额时代中国纺织品出口依然受到欧美等发达国家实行保护的制约,迫于外部的压力以及中国纺织品转型升级的需要,中国政府于

---

① 白舒婕. 揭秘棉花进口配额"潜规则"[J]. 新农村商报,2012(9).
② 王根蓓. 从出口优先与内需扩大走向中性贸易政策[J]. 财经研究,2011(2).

2005 年制定并实施了针对纺织品的出口限制措施,这一措施的出台引发了国内学者的热议。韩玉军等人(2006)分析了中国纺织品自愿出口限制的经济效应,认为自愿出口限制措施会提高出口企业的利润,提高出口国整体福利水平,但政府容易受到日益壮大的纺织业利益集团的左右。孙林(2007)对中国针对纺织服装品的出口限制措施的三种具体做法,即出口关税、出口配额和出口生产税的福利效应进行比照,发现中国政府放弃了总体福利损失相对较小的出口关税措施,采取了总体福利损失最大的出口配额措施。这种做法能够最大限度地减少受限纺织企业的利润下降,保持纺织企业生产和出口的积极性,是在当时情况下的理性选择。

出口退税措施作为各国使用较多的对外贸易政策措施之一,被西方国家的理论和实践证实,其不但可以影响一国出口,还与产业发展关系密切,因此近年来越来越受到人们的关注。中国政府于 2004 年开始使用差别出口退税政策,此后多位学者对此具体政策进行了实证分析。李汉桥(2004)认为,中国 2004 年出口退税率的下调对电子器件、通信设备以及医药生物行业利润存在 5%—10% 的负面效应。[1] 陈军才等人(2005)认为,对机电产品和高新技术产品出口退税率的下调导致出口下降约 20%。[2] 郑国伟和向洪金等人认为,2007 年中国下调出口退税率对机械工业的产出和利润都有显著的负面影响,对纺织业出口也存在负面影响。[3][4] 可见,中国政府如何通过差别出口退税政策促进国内产业结构升级的问题有待进一步研究。

20 世纪 80 年代出现的战略性贸易政策理论,将与贸易相关的产业政策作为一国对外贸易政策的有效工具被广泛应用。众多学者针对中国在战略性产业上所实施的贸易政策进行评价,对战略性贸易政策的不同工具进行比较。胡昭玲(2003)以战略性贸易政策理论为依据,将外国对中国针对战略性产业轿车产业实施补贴措施的可能对等政策干预考虑在内,对中国与外国政府各种政策组合下的国民福利进行比照,发现若两国均采取补贴措

---

① 李汉桥."出口退税"调整影响部分行业[J].经济研究参考,2004(7).

② 陈军才.出口退税率调整对机电产品和高新技术产品出口影响的分析[J].税务与经济,2005(5).

③ 郑国伟.2007 年进出口关税调整对机械工业的影响与建议[J].制造技术与机床,2007(2).

④ 向洪金等.全球化背景下中国出口退税政策的紧急效应[J].数量经济技术经济研究,2010(10).

施对汽车产业进行干预时,中国的国民福利要小于只有中国采取补贴措施时的国民福利,这说明若两个对立国家同时采取干预措施会使两国福利同时下降。① 黄先海等人(2005)同样以汽车产业作为研究对象,采用战略性贸易政策实证研究中的"校正模型"与经修正的 R&D 补贴模型,对中国应用于汽车产业的出口补贴和 R&D 补贴的政策效果进行比较。实证结果显示,相较于出口补贴,R&D 补贴能以更小的补贴成本获得更大的国民福利,且现有补贴额都低于最优补贴额,因此建议政府对汽车产业提供更多的 R&D 补贴。② 陈红蕾等人(2005)以合成橡胶行业为研究对象,同样对战略性贸易理论进行实证研究,主要分析比较了四种对外贸易措施的政策效果,即自由贸易、进口关税、生产补贴及进口关税与生产补贴并用的措施。政策模拟结果显示,与自由贸易政策相比,其他三种政策干预措施有增加国民福利的效果。同时,这三种政策干预措施对中国合成橡胶行业厂商的利润都有较大程度的提高。不同的是,三种政策干预措施对合成橡胶行业的下游厂商利润和政府收入影响有所不同。对厂商利润而言,进口关税会降低下游厂商的利润,生产补贴则会提高上游厂商的利润,进口关税与生产补贴并用时下游厂商的利润有所下降,但降幅很小。对政府收入而言,进口关税会增加政府收入,生产补贴则会减少政府收入,进口关税与生产补贴并用时政府收入介于单独使用上述两种措施之间。由此可见,对合成橡胶行业采取进口关税与生产补贴并用的措施是政府的最优选择。③

(2)中国对外贸易政策效果简评

改革开放以来,国内学者非常关注中国对外贸易政策各项措施的出台,运用不同方法,从不同角度检验政策的实施效果,出现了大量有价值的研究成果。然而,从现有的研究中国对外贸易政策效果的文献来看,多数学者倾向于专门对某项贸易政策措施的效果展开评价,似乎在从整体上评价中国对外贸易政策取向及绩效的研究方面存在不足。笔者认为,存在这种不足

---

① 胡昭玲. 战略性贸易政策应用于中国轿车业量化效果的再考察[J]. 当代经济科学,2003 (11).

② 黄先海,谢璐. 中国汽车产业战略性贸易政策效果的实证研究[J]. 世界经济研究,2005 (12).

③ 陈红蕾等. 不完全竞争市场上的贸易与产业政策[J]. 财贸经济,2005(1).

的主要原因是,相比于其他实实在在的政策工具而言,将对外贸易政策作为一个整体很难量化。虽然评价不同政策工具的实施效果有一定的理论和实践价值,但一个重要的问题在于,各种政策工具几乎是同时出台,并且相互影响,甚至有时候其政策效果可以相互抵消。因此,当一国对外贸易政策针对某个特定行业同时出台了进口配额、出口补贴、出口退税等多种措施时,评价对外贸易政策的总体取向和实施效果是很不容易的。尤其对于处于经济转型期的中国,由于许多政策或制度性因素的信息和数据无法获取,导致无法定量计算,因此单独拿一种或几种政策工具来估计整个贸易政策的效果必然会出现低估或高估的状况。[①] 这也是笔者要重点解决的难题。需要特别指出的是,国内许多文献题为评价中国对外贸易政策效果,但在其实证分析中仅将进出口额或增长率作为贸易政策的替代变量,这种做法实在不妥。原因在于,一国的进出口额并非是完全受政策控制而实现的,甚至极端地讲,在自由贸易状况下,一国的进出口额与对外贸易政策并无关系。即使是在政策干预下,一国的进出口额也只是部分地受政策控制,没有一个国家能够完全脱离本国的比较优势与他国进行贸易。

鉴于此,笔者试图以自由贸易的比较优势理论为基准,通过观测中国对外贸易商品出口竞争力的变化趋势,将各种对外贸易政策措施的合力抽离出来,作为中国对外贸易政策的整体取向,以进一步分析其宏观经济效果。相信这个研究结果能够为政府下一步的对外贸易政策调整提供一定的理论和实证依据。

---

① 张曙光等. 中国贸易保护代价的实证分析[J]. 经济研究,1997(2).

第三章 中国对外贸易政策的一般性分析

本章重点梳理中国对外贸易政策的演进过程。中国是最大的发展中国家,其对外贸易政策的演进过程与发展中国家对外贸易政策的整体历史演进既具有相似之处,又存在明显的中国特色。因而,笔者首先介绍第二次世界大战以来,取得民族独立和国家主权的发展中国家普遍采用的对外贸易政策的基本类型及发展脉络,然后对这段时期中国对外贸易政策的历史演进进行梳理,归纳不同时期采用的具体措施,在此基础上分析中国对外贸易政策的一般性特征,为第四章深入研究中国对外贸易的政策取向做必要的铺垫。

第一节 发展中国家对外贸易政策演进

纵观第二次世界大战后各发展中国家对外贸易政策的历史,可以发现,多数发展中国家的对外贸易政策基本上是围绕本国不同时期的经济发展水平和国家利益而制定的。这些对外贸易政策大致可分为四种类型,即进口替代型对外贸易政策、出口促进型对外贸易政策、进口替代与出口促进结合型对外贸易政策和平衡型对外贸易政策。

一、进口替代型对外贸易政策

第二次世界大战后初期,多数发展中国家都选择了适应本国工业发展的进口替代型对外贸易政策。这是因为,二战后刚刚独立的发展中国家经济基础普遍薄弱,对外贸易上表现为出口农、矿产品等初级产品,进口工业制成品。由于初级产品和工业制成品价格上存在剪刀差,这种贸易模式使发展中国家的贸易条件不断恶化,许多发展中国家希望利用对外贸易政策来改变这种不利的贸易模式。要改善贸易条件,需要大量生产并出口工业制成品,这就要求发展中国家必须大力发展工业。因此,发展中国家纷纷将工业化作为第二次世界大战后经济发展的主要目标,而发展工业的第一步就是对本国的民族工业进行保护,用国内生产的制成品替代进口产品,实施进口替代型对外贸易政策。这种进口替代型对外贸易政策在 20 世纪五六十年代的发展中国家非常盛行。

发展中国家普遍通过设置进口关税和配额等措施来鼓励本国制成品在国内市场上替代进口产品。发展中国家首先对食品加工、汽车装配等生产最终消费品的行业进行保护,待这些最终消费品的进口替代基本完成后进而转为对生产钢材、石油化工等中间产品的行业进行保护。在进口替代政策的指导下,拉美等发展中国家的制造业取得了飞速发展,但也有一些国家,如巴西、阿根廷等发展中国家没有因为进口替代型对外贸易政策的实施缩小与发达国家的差距。① 从 20 世纪 60 年代中后期开始,进口替代型对外贸易政策的各种弊端逐渐显露并受到越来越多的批判。

二、出口促进型对外贸易政策

从 20 世纪 60 年代中期开始,在日本的带动下,东亚和东南亚的一些发展中国家和地区相继采取出口促进型对外贸易政策,通过采取各种措施促进工业制成品和半制成品出口以替代初级产品出口。这些国家普遍采取放宽贸易限制,承接发达国家产业结构转移,积极参与国际分工,大力发展本国劳动密集型产业的措施。这一对外贸易政策的实施使韩国、新加坡和中国香港地区、台湾地区率先实现了工业化,经济取得飞速发展,被称为"亚洲四小龙"。促进出口的对外贸易政策不但对"亚洲四小龙"的经济增长起到了积极的作用,还使各国的产业结构得到了升级。出口促进型对外贸易政策也存在一定的弊端,由于片面追求出口,忽视了国内消费,造成国内消费品短缺,加之为刺激出口而实行的货币贬值措施,导致国内市场产品和进口产品价格上涨,通货膨胀率有所上升。②

---

① 尹翔硕. 国际贸易教程[M]. 复旦大学出版社,2001.
② 佟家栋等. 中国对外贸易导论[M]. 高等教育出版社,2011.

三、进口替代与出口促进结合型对外贸易政策

第二次世界大战后,大多数发展中国家都是从进口替代政策开始,逐步过渡到出口促进型对外贸易政策,也有学者针对中国改革开放初期的经济发展状况提出实行进口替代与出口促进相结合的对外贸易政策的建议。一些学者认为,一方面,中国作为最大的发展中国家,要发展商品经济,需要以一个庞大的、稳定的、可预测的国内市场为基础,而中国的工业基础和加工能力相对来讲还较薄弱,出口商品竞争力较低,长期实行进口替代型对外贸易政策有其客观必然性;①另一方面,尽管中国国内市场巨大,但存在人均资源匮乏、劳动力相对过剩的特点,这就需要充分利用国内外两种资源、两个市场,积极发展商品出口策略,既可缓解失业压力又可拉动本国经济增长。还有学者认为,发展中国家可以根据国内不同工业部门的不同发展情况采取不同的对外贸易政策,对发展水平相对较低的工业部门实行进口替代型对外贸易政策,对发展水平相对较高的工业部门实行出口促进型对外贸易政策。

四、平衡型对外贸易政策

无论是进口替代型还是出口促进型对外贸易政策,归根到底都属于保护贸易政策,长期采用必然导致国内经济发展失衡以及贸易伙伴国的报复。许多发展中国家在实现从进口替代型向出口促进型对外贸易政策的过渡后,尝到了出口促进带来的"甜头",工业化水平不断提高和国民经济持续增长的诱惑使得这些国家久久不舍得放下这一政策。然而,由此引发的各种问题接踵而至。第一,出口促进型对外贸易政策会形成一国持续的对外贸易顺差,外汇储备增加,给本国造成了通货膨胀的压力;第二,长期的出口促进政策使得出口国资源极度消耗,粗放型贸易扩张与资源约束的矛盾日益凸显;第三,一国对外贸易持续顺差会招致与其贸易伙伴国的贸易摩擦,贸易逆差国不但会采取反倾销、反补贴等报复措施保护本国出口企业,还会通过要求顺差国货币升值对顺差国汇率施压。基于以上原因,一些发展中国家不得不转而实行平衡型对外贸易政策,即在对外贸易中力图保持进出口基本平衡。平衡型对外贸易政策坚持进口与出口协调发展的原则,贸易政

---

① 李一文. 对外贸易战略:进口替代还是出口替代[J]. 天津商学院学报,2000(3).

策的实施重在优化进出口商品结构,促进国内产业结构升级。

第二节　中国对外贸易政策的演进

一、转型前中国对外贸易政策

1840 年鸦片战争以后,清王朝、北洋军阀和国民党政府在帝国主义列强的胁迫下,签订了诸多不平等条约。毛泽东同志指出:"帝国主义列强根据不平等条约,控制了中国一切重要的通商口岸,并把许多通商口岸划出一部分土地作为他们直接管理的租界。他们控制了中国的海关和对外贸易,控制了中国的交通事业(海上的、陆上的、内河的和空中的)。因此他们便能够大量地推销他们的商品,把中国变成他们的工业品的市场,同时又使中国的农业生产服从于帝国主义的需要。"①外国资本大量侵入,使旧中国的对外贸易性质变为半封建半殖民地的对外贸易。这种对外贸易性质,在中国共产党领导下的解放区发生了根本变化,在第二次国内革命战争时期,苏维埃解放区政府就"有计划地组织人民进行对外贸易",向国民党统治区出售多余的粮食等产品,买回布匹、药材等必需品,支援革命和建设。② 在抗日和解放战争中,随着与苏联接壤地区和一些沿海口岸的陆续解放,解放区建立了对外贸易管理机构和公司,同苏联、朝鲜和中国港澳地区开展小规模贸易,为新中国对外贸易积累了经验、储备了人才。在此阶段,中国还未形成固定和统一的对外贸易政策。

1949 年 3 月在新中国成立前夕召开的中共七届二中全会上,毛泽东同志提出:"人民共和国国民经济的恢复和发展,没有对外贸易的统制政策是不可能的";"对内节制资本和对外统制贸易,是国家在经济斗争中的两个基本政策③。"

党中央在此次会议上确立了新中国"对内节制资本和对外统制贸易"的基本政策,为中国社会主义对外贸易政策的建立奠定了基础。1949 年 9 月,

---

① 毛泽东选集(第一卷)[M]. 人民出版社,1964.
② 毛泽东选集(第一卷)[M]. 人民出版社,1964.
③ 毛泽东选集(第一卷)[M]. 人民出版社,1964.

政协会议通过了《中国人民政治协商会议共同纲领》，纲领中规定：中国对外贸易政策"实行对外贸易管制，并采取保护贸易政策"，明确指出了中国对外贸易的保护性政策倾向。还规定："中华人民共和国可在平等和互利的基础上，与各外国政府和人民恢复并发展通商贸易关系。"确立了平等、互利的对外贸易原则，即：国家不分强弱、贫富、大小，在贸易交往中一律平等，权利义务对等；根据双方供求需要决定进出口商品品种；尊重对方风俗习惯和民族爱好；按照国际市场价格合理作价；严格履行协议和合同。

新中国成立后，人民政府立即废除了英、美等帝国主义国家在中国的一切特权，没收了国民党政府的对外贸易企业。对于在华的外国进出口企业，在取消其特权的前提下允许其按照新中国的规定继续营业，但由于1951年美国等西方国家对新中国的全面禁运导致经营困难，部分放弃经营，部分转让给了中国政府。

1949年10月，中国成立了中央贸易部，下设国外贸易司。1950年，国外贸易司分别成立了与社会主义国家和资本主义国家进行国际贸易的贸易公司，以及经营中国茶叶、油脂、蚕丝等特产的国营外贸公司。1952年，中央贸易部拆分为对外贸易部和商业部，各地方也成立了对外贸易管理机构。1953年，对外贸易部设立了14个专业进出口公司和2个专业运输公司，并设立了各地的分公司，这些国营外贸公司成为中国执行对外统制贸易政策的基础。在没收国民党和官僚资本外贸企业的同时，中国政府还积极对私营进出口企业进行社会主义改造。新中国成立初期共有私营进出口企业4600家，资本1.3亿元，从业人员3.5万人，经营额约占全国外贸总额的三分之一，出口额占全国出口总额的一半。按照"对内节制资本和对外统制贸易"政策，中国对私营进出口企业在国家统治的前提下，实行限制、改造和利用的政策。经过改造，私营进出口企业到1955年年底减少到1083家，资本减少到4993万元，从业人员减少到9994人，私营进出口企业贸易额在全国进出口贸易总额中的比重下降至0.8%。① 根据1949年《中国人民政治协商会议共同纲领》中"实行对外贸易的管制，并采取保护贸易政策"的要求，1950年中央人民政府政务院颁布《对外贸易管理暂行条例》，中央贸易部在

---

① 《当代中国》丛书编辑部，当代中国对外贸易[M]. 当代中国出版社，1992.

此基础上颁布了《对外贸易管理暂行条例实施细则》,这标志着中国对外贸易管理体制的建立。1956年完成对私营进出口企业的社会主义改造后,国营进出口公司完全掌握了中国的对外贸易业务。由于进出口公司具有国营性质,因此对外贸易的管理职能和业务经营实质上融为了一体。总体而言,这一阶段中国执行的是国家统制型封闭式贸易保护政策,即采取"高度集中、独家经营、政企合一"的对外贸易体制,完全由政府取代市场进行资源配置,政府的对外贸易管理手段以行政计划为主,靠计划的确定和数量的限制直接管理进出口,对外贸易的主要目的是创汇,以满足发展重工业需进口设备的外汇需求。

这种管理体制和贸易模式与当时的历史条件相契合,对于集中调度国内资源发展出口、发展重点产业、进口急需的机器设备、打破帝国主义的封锁等都起到了积极的作用。但是,它也限制了中国外贸企业的经营自主性,使外贸企业丧失了应有的活力。一方面由于以计划指令为依据,国家外贸公司垄断经营权,导致企业产销脱节,外贸难以带动经济发展。贸易渠道和经营形式相对单一,影响了各地、各生产部门的积极性和主动性,造成中国工业生产与对外贸易分离,使生产企业难以根据国际需要安排生产,提高国际竞争力和企业效益。另一方面集中管理、统一计划的体制过于僵化,企业难以主动参与国际市场竞争。国家通过计划指令对企业生产计划做出安排,造成企业难以决定自身的经营方向,且限制过多使政企职责不分,使企业在市场竞争中失去了主动性和竞争性,在与外国企业的竞争中处于不利地位。另外,国家承担外贸企业的盈亏使企业缺乏自主经营、自我发展的动力和压力,不利于调动企业职工的积极性,也不利于加强企业管理。

总体来看,改革开放前中国的对外贸易政策,带有国家计划管理下的保护主义色彩,是封闭环境下的必然选择。这种贸易政策虽在特定的历史时期对中国经济建设起到了一定的积极作用,但由于企业行为、市场空间等客观条件的限制,其发展必然缓慢。

二、转型时期中国对外贸易政策

(1)1978—1986年:以创汇为主的对外贸易政策

改革开放以前,中国的对外贸易只是一种社会主义扩大再生产的补充手段,目的仅在于互通有无和调剂余缺,且中国对外贸易一直被国有外贸企业及其分支机构所垄断,实行高度集中的计划管理,在国家计划内统收统支,盈亏也由国家统一负责,这导致中国外贸企业国际竞争力很弱,长期处于国际收支逆差状态,外汇储备很少。在改革开放之初即1978—1986年间,为了引进较为先进的技术装备,对一直未更新改造的工业体系进行升级换代,需要大量的外汇作为支撑,这就使得改善外贸企业的经营状况,尽可能的换取外汇成为当时经济工作的重要目标。为尽可能多的获取外汇,国家通过下达行政指令的手段将创汇任务分配至各个部门,但由于改革开放刚刚开始,外贸公司的国际竞争力仍然很弱,国家只能通过计划手段运用各种政策来达到出口创汇的目标。

(2)1987—1993年:重视出口效益的对外贸易政策

在这一阶段,随着社会主义市场经济的逐步发展,国家通过政企分开、放权让利等手段使企业逐步获得了自主经营权,国家逐渐由指令性的计划变为政策指导。为了进一步扩大对外贸易企业在经营上的自主权,增加企业活力,中国开始在全国范围内推行企业承包经营责任制。1988年2月,国务院制定了《全民所有制工业企业承包经营责任制暂行条例》,对承包经营责任制中的内容和形式、权利和义务、企业经营者和承包经营企业的管理问题做出了具体规定。全国各地方、各单位都开始推行承包制。外贸企业在这种大环境下也开始推进承包责任制,力争通过承包责任制的实施来改变以往外贸企业只重出口创汇不重企业效益的做法,逐步取消财政部门对外贸企业的直接补贴。1990年年底,国务院研究决定进一步深化外贸体制改革,主要是取消财政补贴、增加留成比例、企业自负盈亏等,有力地调动了企业的积极性,促进了企业加强管理。与此同时外汇管理和财政政策也做出了相应地调整。

(3)1994—1997年:以完善社会主义经济体制为主的对外贸易政策

党的十四大提出,中国要建立完善的社会主义市场经济体制,在国家宏观调控下市场要对资源配置起基础性作用,并要增强企业活力,让企业压力与动力并存,以建立产权清晰、权责明确、政企分开、管理科学的现代企业制度为目标,实现市场经济下的优胜劣汰。在十四大精神的指引下,中国在财政、税务、金融、外贸和企业管理等领域大力进行改革,逐步构架起了中国社会主义市场经济的框架。在对外贸易体制改革方面,主要依据十四大提出的"坚持统一政策、放开经营、平等竞争、自负盈亏、工贸结合、推行代理制"要求,逐步建立既符合社会主义市场经济运行要求又与国际经济通行规则相适应的新型外贸管理体制。根据这一指导思想,中国取消了外贸企业承包制,财政部门对外贸企业的亏损不再补贴,企业自负盈亏。虽然宏观政策的目标仍然是出口创汇,但取消了行政指令,不再给外贸企业下达出口创汇指标,也不再对出口进行直接的财政补贴,而是通过法律和经济手段,使企业能够在取得经营效益的同时积极扩大出口。由于经济体制改革释放出的活力,这段时间对外贸易迅速增长。

(4)1998—2002年:以应对亚洲金融危机为主的对外贸易政策

1997年爆发了影响深远的亚洲金融危机,这次危机对中国的经济增长造成了严重的负面影响,并沉重打击了菲律宾、泰国、印度尼西亚、马来西亚以至韩国、日本、中国香港的经济,除日本、中国香港之外,其余国家的货币大幅贬值,购买力急剧下降。而当时,中国对亚洲的出口占中国总出口的59%以上,这使中国出口面临改革开放以来最大的挑战,1998年中国出口仅增长0.5%。为保持国民经济平稳快速地发展,中国提出了多措并举扩大出口的方针,坚持应急措施与长远战略相结合、中央制定政策与调动地方积极性相结合,相继出台了一系列涵盖财税、金融、外汇等各个方面的外贸政策。这些政策在克服亚洲金融危机带来的不利影响方面发挥了积极作用,也为中国完善促进出口的贸易政策积累了经验。

(5)2003—2007年:以转变经济增长方式为主的对外贸易政策

2003年,十六届三中全会提出"坚持以人为本,树立全面、协调、可持续的发展观",要求转变经济增长方式,通过集约型增长来实现可持续发展。为此中国对外贸易也需要尽快实现发展方式的转变。虽然改革开放以来中国对外贸易迅速发展,中国已成为世界上的贸易大国,但是仍存在着贸易结构严重失衡、商品结构亟待优化等问题。因此必须尽快转变贸易增长方式,提高对外贸易质量和效益,优化对外贸易结构。为此,2004—2007年,国家围绕着优化出口商品结构,着力提高产品质量,积极鼓励企业进口国内不能生产的先进技术设备和关键零部件以及促进加工贸易转型升级等方面制定了相应的对外贸易政策。这一时期,外贸增长方式的转变使中国对外贸易顺差进一步扩大,2007 年中国对外贸易顺差达到 2622 亿美元的最高点,为经济增长做出了巨大贡献。

(6)2008—2009 年:以应对全球金融危机为主的对外贸易政策

长期巨额贸易顺差也存在极大的风险。顺差的过快增长使外汇储备大幅增加,人民币发行量增大,市场流动性过剩,引发了投资反弹和通货膨胀,影响到国民经济的平稳健康发展。另外,巨额的顺差引发了来自逆差国对中国汇率的质疑,逆差国还频频发起针对中国出口商品的贸易摩擦,对中国外部环境十分不利。因此,2007 年年初中国政府将减少过大的顺差、实现对外贸易协调平衡发展作为对外贸易发展的目标。这里的减少顺差、促进对外贸易平衡发展并不是要减少出口,而是通过扩大进口实现,将之前的"重出口、轻进口"政策调整为"进出口双向促进"政策。不料,不久便爆发了美国次贷危机,进而于 2008 年引发了全球金融危机。自 2008 年开始,外部需求萎缩导致中国出口增速迅速下滑、对外贸易摩擦不断升级,严重威胁到经济增长。面对严峻的外贸形势,中国政府又出台了一系列稳定外贸增长、优化外贸结构等政策措施,包括加快出口退税进度、改善贸易融资服务、扩大出口信用保障覆盖面、减免进出口环节收费、提高贸易便利化水平等,以应对全球金融危机的冲击。

(7)2010—2012 年:以平衡发展为目标的对外贸易政策

2010 年中国对外贸易开始复苏,政府以"拓市场、调结构、促平衡"为中心,对部分商品的出口退税进行了调整。2011 年,政府把"促进外贸稳增长"放在更加重要的位置,确保出台的各项"稳增长"措施落实到位。此外,还通过扩大国内短缺的关键零部件、先进技术设备以及供应偏紧商品的进口,继续促进外贸平衡发展。2012 年 2 月,政府印发《关于加快转变外贸发展方式的指导意见》,指出实现贸易平衡是中国对外贸易政策的基本取向,而加强进口是实现贸易平衡的重要手段。《指导意见》进一步明确了中国转变外贸发展方式的两大目标,即实现"四个提高"和"四个优化"。"四个提高"包括提高出口商品的国际竞争力、企业的国际竞争力、行为组织协调能力和政府参与国际贸易规则制定的能力;"四个优化"包括优化主体结构、商品结构、市场结构和贸易方式结构。① 2012 年 11 月党的十八大报告中强调要"加快转变对外经济发展方式",朝着"优化结构、拓展深度、提高效益"方向转变。坚持出口与进口并重,强化贸易政策与产业政策相协调,推动对外贸易平衡发展。

第三节　转型时期中国对外贸易政策的基本措施和基本特征

一、转型时期中国对外贸易政策的基本措施

(1)1978—1986 年中国对外贸易政策措施

①外汇留成制度

改革开放之前,与高度集中的计划经济体制相适应,中国对外汇收支实行国家统一管理,即一切外汇收入上交国家,在需要使用外汇时向国家申请,国家另行拨付。同时,人民币汇率与美元之前采取固定汇率政策,1979年国务院批准成立国家外汇管理局,负责全国的外汇管理。在改革开放明确了出口创汇的政策目标后,国家为调动各级外贸企业扩大出口的积极性,国务院于 1979 年 8 月出台了《关于大力发展对外贸易增加外汇收入若干问题的规定》,规定在坚持国家集中管理外汇的同时实行外汇收入留成制度,即国家针对各地区、产品、行业的不同,制定不同的外汇留成比例。在企业将出口所获得的外汇上交国家后,国家根据外汇留成比例分配给企业外汇使用额度。1985 年,为进一步鼓励企业出口创汇,国家又对外汇留成办法进行了修订,扩大了外汇留成比例。

②出口退税措施

改革开放之前,中国对出口产品不实行退税政策。为了增强中国外贸企业出口产品的国际竞争力,国务院借鉴国际惯例,从 1983 年 9 月起,对钟表、缝纫机、自行车等 17 种商品及其零部件实行出口退税政策。政策规定,在商品出口后,国家将最后生产环节所缴纳的工商税税款全部退还给出口

---

① 引自商务部《关于加快转变外贸发展方式的指导意见》,2012 年 2 月.

单位,对缴纳增值税的出口产品,将增值税返还给出口企业。从 1985 年起,国家又对除原油、成品油以外的产品实行针对生产环节最后一道产品税和增值税的退税政策。从 1986 年开始对十类产品退还产品税和增值税。

③财政政策措施

改革开放之初,中国的产业结构不尽合理且相对落后,对外出口的商品以农副产品居多,且货源也不够充足,出口贸易额一直受到国内生产加工能力的制约。因此,刺激出口产品的生产,增加出口商品的货源量,成为国家财政支持的重点方向。对此,财政部设立了用于扶持出口产品生产的专项资金,由财政部门拨付给各级外贸基地部门无偿周转使用,用于支持企业生产农、副、土、特等产品和进行新产品试制。这一举措在当时的条件下,对扩大中国贸易出口发挥了积极的作用。同时,国家财政还对外贸企业实行奖励、补贴、出口供货奖励制度以及对外贸企业的简易建筑进行财政拨款扶持。其中,补贴包括各种专项补贴,如进口、出口商品价差补贴、进口原苏东机电仪器专项补贴和记账贸易顺差占款利息补贴等。出口供货奖励制度规定,从 1986 年起出口企业每年比 1985 年多实现出口创汇 1 美元,奖励 3 分钱人民币。

(2)1987—1993 年中国对外贸易政策措施

①外汇分成制度

从 1991 年起,国家改变按地区实行外汇留成比例的办法,实行全国范围内统一的以商品大类为标准的留成制度。

②出口退税措施

1987 年国家加大了出口退税的政策力度,对出口退税予以完善。开始退还出口商品各环节的累计间接税和增值税。由此出口退税的规模也逐渐扩大,到 1993 年出口退税为 301.6 亿元,是 1986 年出口退税额的 7.2 倍,而出口额仅为 1986 年的 2 倍。

③财政政策措施

这一时期针对外贸的财政政策仍以扶持、鼓励为主,同时兼顾企业经济效益。将商品基地建设基金由无偿使用改为有偿使用,并按照使用期限缴纳 1%—2.5% 不等的使用费,促进企业提高财政资金使用效益;拨付重点轻纺企业出口企业发展基金专项用于发展深加工出口产品,进一步简化和加强出口鼓励措施,从 1987 年开始,对外贸企业 1 美元的出口收汇奖励人民币 2 分和外汇额度 1 美分,对外贸企业计提的出口奖励基金,70% 用于企业自身发展,30% 用于职工福利,并对承包期间外贸易企业的亏损给予一定的补贴。

(3)1994—1997 年中国对外贸易政策措施

①财税体制改革

从 1994 年起,中国进行了大规模的财税体制改革。这次改革涉及范围广、深度大,全面改革了流转税制,实行了比较规范的以增值税为主体,消费税、营业税并行的流转税制。大幅度调整了中央和地方的收入划分,将主要税种划归中央或变为中央与地方共享,并建立了税收返还体系,以保障地方既得利益。这次财税体制改革是新中国成立以来税制调整最大、利益格局调整最为明显、影响也最为深远的一次。这次改革规范了各级政府之间、国家与企业之间的分配关系,提高了中央政府的收入比重,调动了各级政府的积极性。

②分配制度

财税制度改革后,外贸企业的出口创汇奖金及其他财政奖励制度相应取消。新制度赋予了外贸企业更大的理财自主权。由于汇率并轨等措施的出台,外贸企业自负盈亏的能力大大增强。从 1994 年 1 月 1 日起,所有的外贸企业均纳入国家税收范围,按照税法规定缴纳各项税款。为继续鼓励外贸企业出口创汇,在这一阶段国家试行了出口收汇美元含量工资分配办法,对非主营出口业务的外贸企业试行了工资总额与实现利税挂钩的分配办法,这一办法调动了企业出口创汇的积极性,但不利于外贸企业经济效益的提高。因此,从 1997 年起,执行新办法,即按企业利税与工资总额挂钩。这一办法的实施对调动外贸企业扩大出口、提高经济效益具有一定的促进作用。

③出口退税措施

这一时期的出口退税税种调整为只退增值税和消费税,增值税按照 17% 和 13% 两档来计算退税额,消费税按实际征税比率予以退税,基本实现了出口货物零税负。中国出口退税的基本形式主要有先征后退和免抵退税两种。"先征后退"适合于外贸企业,即外贸企业在收购原材料时,先将增值税交给生产企业,由生产企业缴纳给税务机关,外贸企业将货物出口后,出口货物所缴纳的税款再由税务机关予以返还。"免抵退"则主要适用于生产企业。1994 年实行的新退税制度,使中国货物以不含税价格进入国际市场,极大地提高了商品的出口竞争力。这一时期国家的退税规模迅速扩大,由 1993 年的 301 亿元增加到 1994 年和 1995 年的 448 亿元和 550 亿元,1996 年则增加到了 827 亿元,是 1993 年的 2.75 倍。与此同时,出口退税制度的改革也带来了一定的问题:一是实际征税率不足,由于税收过程中难以做到应收尽收以及存在骗取出口退税的问题,导致出现虽然按照法定税率退税,但退税规模大于征税规模的现象;二是出口退税增长过快,财政负担沉重,出现了大规模的欠税现象。为此,国家分别于 1995 年 7 月 1 日和 1996 年 1 月 1 日降低了出口退税率。由于退税率的调低,1997 年退税规模 432 亿元仅为上年的一半左右,虽然欠退税的问题基本得到了解决,但严重削弱了中国商品的出口竞争力,1996 年中国出口仅增长 1.5%。

(4)1998—2002 年中国对外贸易政策措施

①关税措施

这一时期,政府出台了鼓励吸收外资的进口税收政策。为引进国外先进技术和设备,促进产业结构调整和升级,1997 年国务院颁布《关于调整进口设备税收政策的通知》,决定从 1998 年 1 月起,对《外商投资产业指导目录》的鼓励类和限制类且能够转让技术的外商投资项目,以及《当前国家鼓励发展的产业、产品和技术目录》的国内投资项目,在符合国家相关规定的基础上免征关税和进口环节增值税。

②出口退税措施

一是提高了出口商品退税率,国家先后于 1998 年 7 月和 1999 年 1 月分两次提高了出口商品退税率,使综合退税率提高到 15%。提高后的退税率共分为四档,最高档 17%,与征税税率一致,主要是机械及设备、运输工具等;第二档 15%,包括除第一档之外的工业制成品;第三档 13%,主要是以农产品为原料的制成品;第四档 5%,主要是农产品。二是对出口退税指标进行了宏观调控。随着出口退税率的提高,出口退税的需求大幅增长。但退税指标相对不足,产生了退税拖欠的情况。国家为缓解这一矛盾在退税指标上分别采取了向中西部地区倾斜、向大中型出口企业倾斜、适当调控退税进度和对生产企业出口全面推行免抵退税制度。三是对退税程序实行分类管理。对管理严、信誉好的企业采取快捷方便的退税办法,对管理不善、信誉差的企业采取严格审核制度,打击骗取出口退税的行为。

③外汇措施

由于亚洲金融危机期间其他主要经济体货币大幅贬值,人民币也面临着巨大的贬值压力。为了稳定国内的经济增长和促进亚洲经济体尽早复苏,中国政府庄重承诺人民币不贬值。然而,外界对人民币贬值的预期,导致中国外汇资金的大量流出。为了遏制这一现象,中国采取了一系列政策,打击套逃外汇行为,如加强对经常项目的购汇审核;加大处罚力度,对涉嫌逃套外汇企业,一经查实立即取消或暂停其外贸经营权等措施,取得了较好的效果。

④财政金融政策措施

政府主要利用各种财政专项资金,鼓励一般贸易出口、扶持中小企业开拓国际市场等。1999年,设立中小企业国际市场开拓资金,主要用于支持中小企业的健康发展,鼓励中小企业积极参与国际市场竞争。同年,根据《国务院关于进一步推进西部大开发的若干意见》中提出的推进西部大开发的十条意见,国家设立了西部外经贸发展资金,主要由地方制定资金的具体使用办法,自定项目。此后,为振兴东北老工业基地和促进中部崛起,又设立了中部和东北老工业基地外经贸发展专项资金。2001年,以原中国进出口银行和中国银行的相关业务为基础,组建了中国出口信用保险公司。主要任务是配合国家外贸、财政和金融等政策,通过政策性出口信用保险手段,支持商品、技术和服务等出口,支持中国企业对外投资,并在信息咨询、出口融资和应收账款等方面为企业提供保障。此外,国家还在为外贸企业提供封闭贷款、鼓励企业多收汇和推行出口退税账户托管等方面出台了相应的鼓励政策。

(5)2003—2007年中国对外贸易政策措施

①关税措施

一是按照加入世贸组织的承诺,每年严格按照关税减让表降低进口关税;二是按照转变外贸增长方式的思路,对"两高一资"产品开征或加征出口关税,如煤炭、原油、金属矿砂等高耗能、高污染的产品;三是为保证国内市场需要,扩大进口,对部分资源性产品和先进技术装备主动降低了关税。

②出口退税措施

随着对外贸易特别是出口贸易规模的扩大,中国现行的出口退税机制暴露出了一些问题和矛盾。主要表现为出口退税机制不利于深化外贸体制改革,出口退税结构难以适应产业结构升级的要求以及出口退税负担机制不尽合理等问题。为此,2004 年国务院决定以"新账不欠,老账要还,完善机制,共同负担,推动改革,促进发展"为原则,对出口退税机制进行改革。在改革内容上,一是改革了出口退税中央和地方的分担机制。从 2004 年起,以2003 年出口退税数额为基数,超过部分由中央和地方按照 75:25 的比例共同负担。自 2005 年起,这一比例进一步调整为 92.5:7.5,同时规范了出口退税的分担办法,并对出口退税退库的方式进行了改进。二是多次调整出口退税率,按照对出口的鼓励程度制定不同的出口退税率。对于不鼓励出口的原油等产品取消了出口退税;将小麦粉等产品的出口退税率由 5%调至13%;除以农产品为原料的工业品以及船舶、汽车等关键零部件产品的出口退税率维持在 17%不变外,将其余原出口退税率为 17%的产品均调整为12%。从 2006 年开始,为控制"两高一资"产品出口,优化出口结构,鼓励高科技和高附加值产品出口,国家又分期分批调低和取消了这部分产品的出口退税率。2006 年和 2007 年,根据国家"调投资、促消费、减顺差"的要求,又三次大规模地降低了出口退税率。三是完善了出口退税管理,围绕简化程序、加快进度和打击骗取出口退税行为,自 2004 年 8 月起,出口企业在税务机关办理出口退税时不再报对外经贸主管部门稽核盖章,而是直接向税务机关办理手续。国家税务总局和商务部多次联合通知,要求各级税务部门加快退税进度。

③外汇措施

在此期间,由于中国经济快速发展,国际收支顺差不断扩大,为缓解对外贸易失衡、扩大内需和提升企业国际竞争力,2005 年 7 月 21 日,中国对人民币汇率形成机制进行了改革,提出了人民币汇率机制改革的总体目标是建立有管理的浮动汇率体制,同时明确了改革的主动性、可控性和渐进性原则。

(6)2008—2009 年中国对外贸易政策措施

①关税措施

针对近年来中国外贸顺差持续扩大,与贸易伙伴摩擦增多,外贸发展面临的国内资源、环境约束增大的状况,国家对进出口关税进行了一系列调整。出口方面,开征或提高了资源性产品的出口关税。进口方面,主要是降低重要原材料、关键零部件的进口关税,包括最惠国关税、年度暂定税率、协定税率和特惠税率等。此次关税调整后的总水平为 9.8%。此次关税调整一方面抑制了高能耗、高污染和资源型产品的出口;另一方面促进了能源和资源性产品、先进技术设备和关键零部件以及百姓日常生活急需商品的进口,有利于优化进出口商品结构。

②出口退税措施

为确保"十一五"节能减排目标的实现,并减少近年来与外国频繁的贸易摩擦,政府一方面多次调低或取消部分"两高一资"产品的出口退税率;另一方面也调低了容易摩擦的出口产品的出口退税率。2007 年 7 月进一步取消了"两高一资"产品的出口退税率,调低了 2268 项容易引起贸易摩擦商品的出口退税率。

(7)2010—2012 年中国对外贸易政策措施

①出口退税措施

2010 年 6 月,政府为了进一步控制"高耗能、高污染"产品出口,出台了《关于取消部分商品出口退税的通知》,决定取消部分钢材、有色金属加工材料等 406 个税号的退税率,这有利于引导企业优化出口产品结构、提高出口产品的质量和档次,进一步促进外贸发展方式转变。

②贸易及配套措施

2012 年的《指导意见》中指出要制定严宽适度的原产地规则,稳步推进与原产地规则相关的贸易便利化进程。通过改进许可证管理,加强贸易统计检测功能。加强政策的协调性,促进对外贸易、利用外资与"走出去"战略协同发展。支持有实力的再生能源企业增强再生能源获取能力。加快实施自贸区战略,积极参与多边及区域经贸合作,营造良好的外部环境。加强知识产权保护,扩大双边及多边知识产权领域的交流与合作。①

③财政金融政策措施

2012 年的《指导意见》中指出政府需要完善财政对外贸支持的稳定机制,进一步推动对外贸易及相关产业结构的调整和升级。金融政策方面,需要建立和完善与贸易发展水平相适应的全方位金融支持体系。鼓励商业银行开展进出口信贷业务,发挥中国进出口银行对外贸发展的支持作用,加大对中小企业进出口信贷的支持力度。充分发挥出口信用保险的政策导向作用,支持与国家经济结构调整方向相一致的货物、技术和服务的出口。另外,进一步推进人民币汇率形成机制改革,增强人民币的汇率弹性,积极推进贸易首付管理制度改革,扩大人民币在跨境贸易和投资中的使用,鼓励外商投资企业将结算中心、成本及利润核算中心设在境内。②

二、转型时期中国对外贸易政策的基本特征

(1)中国对外贸易政策发展具有渐进性

中国的对外开放是与经济体制改革相生相伴的,中国的经济体制改革要求对外开放,对外开放的具体政策又受到计划经济向市场经济转型这一特殊历史时期的约束。中国的对外贸易政策是以经济转型时期的总体发展目标和特殊历史任务为中心制定并不断完善的,而中国的经济体制改革采取的是渐进式的发展道路,没有任何一个现成的成熟的理论可供参照,是在改革实践的过程中不断发展和完善的,这就决定了中国的对外贸易政策的发展过程同样具有阶段性和渐进性的特征。

正因如此,无论是中国经济体制改革的成功经验还是中国对外贸易的成功经验都需要我们回过头来细细总结才能得出。中国对外贸易政策的理论一定是从对中国对外贸易实践中总结出来的。中国对外贸易政策的总体取向只有在总结中国对外贸易的发展轨迹的基础上才能提炼出来。

(2)中国对外贸易政策取向具有隐蔽性

通过对中国对外贸易政策措施的梳理和归纳,可以看出,中国对外贸易

---

① 引自商务部《关于加快转变外贸发展方式的指导意见》,2012 年 2 月.
② 引自商务部《关于加快转变外贸发展方式的指导意见》,2012 年 2 月.

政策措施日益由单一的贸易措施向贸易措施与其他经济措施相结合的方向发展,这使得中国对外贸易政策取向具有很强的隐蔽性。一国的对外贸易政策取向是通过它所实施的具体贸易政策措施展现的,随着全球化进程的加快和世界自由贸易呼声的驱使,各国的对外贸易政策措施有逐渐趋于更隐蔽、更难捉摸的特点。从明确的关税壁垒向多种非关税壁垒转化使一国对外贸易政策取向更隐蔽;从单一的贸易政策措施向与本国其他经济措施相结合,使一国对外贸易政策取向更难捕捉。

笔者认为,仅通过一种或多种政策工具的实施或单从对外贸易顺差的结果便断定中国对外贸易政策为进口替代型的或出口导向型的方法既不准确又不科学。判别这一取向既不能单凭一两个传统贸易政策工具的取向而定,也不能仅根据贸易的顺差或逆差结果就妄下结论,而是需要综合所有传统的政策工具和一些现代的政策工具来判定其总体政策取向。从更科学的角度讲,判断中国对外贸易政策的总体取向是遵循了比较优势理论还是遵循了保护幼稚工业等理论是一个必须通过实证才能检验的问题。对此,本书以本章的中国对外贸易政策演进为基础,在第四章详细拟定了判别方法并进行了详尽的经验性分析。

第四章　中国对外贸易政策取向
测度指标的构建

　　本章和第五章重点关注的是转型时期中国对外贸易政策的取向问题。首先需要明确的是,这里要研究的中国对外贸易政策取向并不是简单地回答中国所实行的是自由贸易政策还是保护贸易政策的问题。从第二章的理论梳理可以看出,当今世界既没有一个国家实行完全的自由贸易政策,也没有一个国家实行完全的保护贸易政策,而自由贸易政策与保护贸易政策在不同时期的交互使用,以及在同一时期针对不同产业甚至不同产品的并用才是常态。在当今世界产业及产品细分程度如此高度化的状况下,各国针对不同的产业乃至不同产品实行的对外贸易政策显然是不同的。况且,仅回答一国实行的是自由的还是有保护的贸易政策或者是一国应该实行自由的还是保护的贸易政策已没有多大意义。另外,从第三章中国对外贸易政策的演进过程也可以看出,转型时期中国一直实行的是有政府干预的对外贸易政策,显然不是自由贸易政策。笔者更关心的是,能否对这种具有明显政策干预倾向的对外贸易政策取向进行量化,这对于理解中国对外贸易政策的变化,调整中国对外贸易政策取向意义重大。

第一节　对外贸易政策取向测度指标的构建思路

　　理论和经验性分析都表明,转型时期中国对外贸易政策存在明显的政府干预倾向,但无法说明这种政策干预程度到底有多大,更无法明确此种政策干预的影响因素及绩效。传统比较优势理论告诉我们,如果一国政府对其对外贸易不加以政策干预,则一国对外贸易模式会完全按照其自身的比较优势开展;如果一国政府对其对外贸易进行政策干预,则一国对外贸易模式则会偏离其自身的比较优势开展。通常来讲,一国政府实施各种经济政策对一国对外贸易进行干预可以提高此种商品在国际市场上的竞争力,改变固有的以比较优势为基础的贸易模式。因此,通过比照一国对外贸易商品的国际竞争力与其实际的比较优势状况,便可测算出一国政府对其对外贸易的政策干预程度。若一国对外贸易商品的国际竞争力高于其实际的比较优势,则一国在对外贸易上倾向于实施鼓励出口或限制进口的政策;若一国对外贸易商品的国际竞争力低于其实际的比较优势,则一国在对外贸易上倾向于实施限制出口或鼓励进口的政策。据此,笔者试图以对外贸易实际比较优势指数和对外贸易商品竞争力指数为基础构建一国对外贸易政策干预指数,以考察转型时期中国对外贸易政策的取向。

一、对外贸易商品实际比较优势指数的构建

(1)Balassa 的显示性比较优势指数

依照李嘉图的比较优势理论,在测算一国产品或产业的比较优势时,需要对产品生产的相对成本进行逐一测算,这在实践中非常困难,甚至根本无法实现。因此,在测算一国产品或产业的比较优势时,必须使用恰当的替代变量。Balassa 于 1965 年提出的显示性比较优势指数(RCA),是近年来被世界银行等国际机构和学术界广泛认可的测算一国对外贸易商品比较优势的指标,也有研究将其作为测算一国产品或产业比较优势的最优替代变量。[1][2][3]

Balassa 的显示性比较优势指数在被大量地应用于经验性研究的同时,也遭到了许多质疑和否定。事实上,这并不是这一指数本身的缺陷。在运用这一指数进行经验性分析时得出差强人意的结论,往往是由于学者们习惯于将一国产品显示在出口贸易的比较优势与一国产品显示在整个对外贸易上的比较优势混为一谈,或者简单地用 RCA 代指一国对外贸易商品,乃至

---

[1] Balassa, B. "Trade Liberalization and 'Revealed' Comparative Advantage", *The Manchester School of Economics and Social Studies*, Vol. 33, March 1965.

[2] 刘重力等. 中国对外贸易比较优势变化实证分析[J]. 南开经济研究,2003(2).

[3] 马超. 产业结构、公共支出与区域经济发展[J]. 现代日本经济,2010(6).

一国产业的实际比较优势。

需要明确的是,Balassa 提出的显示性比较优势指数测算的仅是一国产品显示在出口上的比较优势,这一指数又称被为"出口绩效指数",[①]笔者将其命名为 RCA^x。用这一指数固然可以衡量一国对外贸易商品的比较优势,但需要一定的限制条件,其一是一国采取完全自由放任的对外贸易政策;其二是一国进口与出口贸易政策相对称。所谓进出口贸易政策相对称是指一国进口与出口的政策相一致,即出口促进与进口限制并用或出口限制与进口促进并用的贸易政策。动态比较优势理论指出,一国通过产业政策和贸易政策的实施,动态上会扭转其比较劣势的状态和提高其原有的比较优势水平。[②] 当一国对其出口贸易和进口贸易实施一致的政策干预时,如出口促进与进口限制并用时,显现于出口的比较优势和显现于进口的比较优势应该是趋同的。这时,测算出的一国显现于出口贸易的比较优势 RCA^x 与显现于进口贸易的比较优势 RCA^m 应该是相等的。但当一国对出口贸易和进口贸易实施了不一致的政策干预时,如出口促进与进口鼓励并用时,显现于出口贸易的比较优势和显现于进口贸易的比较优势则不会趋同,甚至会完全相反。在这种情况下,仅测算显现于出口贸易的比较优势便不能客观、全面地反映一国对外贸易的实际比较优势状况。在当今政府干预进出口贸易活动盛行的背景下,要测算一国对外贸易商品实际的比较优势,很有必要将进口比较优势纳入指标的构建之中。

在以往的文献中,虽有学者认识到进口贸易对于测算一国对外贸易比较优势的必要性,但鲜有学者从进口贸易的角度实际测算过一国对外贸易商品的比较优势,更没有人尝试将进口纳入这一指标体系的构建之中,完善 Balassa 的显示性比较优势指数。周毓萍(2000)提出了考察中国对外贸易优势状况时可以参照进口比较优势系数,她指出当一国进口比较优势系数较大时,说明该产品在国际市场上具有比较劣势,应该多进口该产品;当一国进口比较优势系数较小时,说明该产品在国际市场上具有比较优势,应该多出口该产品。此种提法具有很强的借鉴意义,可惜此研究并未应用到实际

① 蒋德恩. 国际商务显示性比较优势指数的适用条件分析[J]. 国际商务,2006(6).
② 李永. 动态比较优势理论[J]. 经济评论,2003(1).

测算中。洪宇(2010)在研究中国商品贸易模式演进中提到了一国进口的显示性比较优势,然而他的研究更关注出口的比较优势与战略性贸易政策的关系,并未将一国进口的显示性比较优势应用到测算中国对外贸易商品的实际比较优势中。

(2)Balassa 显示性比较优势指数的扩展与改进

衡量对外贸易商品实际比较优势的重要基础是科学的指标评价体系的构建,必须首先确定能够反映一国对外贸易商品真实的比较优势的指标评价体系,这样测算出的结果才有价值。

针对以上 Balassa 显示性比较优势指数的局限性,本研究尝试着将进口比较优势指数与出口比较优势指数相结合,构建一国对外贸易商品的实际比较优势指数。按照大卫·李嘉图比较优势理论的重要结论,"一国将会专业化生产并出口其具有比较优势的产品,进口其不具有比较优势的产品"。在产业内贸易普遍存在的当下,李嘉图的结论可以得出推论,即"若一国产品在出口贸易上显示为具有比较优势,在进口贸易上则应显示为具有比较劣势"。如此看来,Balassa 提出的显示性比较优势指数仅能反映李嘉图比较优势理论的前半部分,没能反映李嘉图比较优势理论的后半部分,即一国对于不具备比较优势的产品会选择进口。笔者试图将进口贸易加入比较优势指数的设计中,构建更有应用价值的测算指数,完善 Balassa 的显示性比较优势指数,全面反映比较优势原理。

下面首先介绍扩展 Balassa 的显示性比较优势指数的基本思路。如果从出口贸易和进口贸易两方面考虑,可以将 RCA 分为出口显示性比较优势指数(RCA^x)和进口显示性比较优势指数(RCA^m)。这里需要强调的是,一国产品显示于出口的比较优势表明其在国际分工上具有比较优势,而一国产品显示于进口的比较优势则表明其在国际分工上具有比较劣势。

一国出口商品的显示性比较优势指数 RCA^x,可以用公式表示为:

$$RCA_{ik}^x = (X_{ik}/X_i)/(X_{wk}/X_w)$$

式中,RCA_{ik}^x代表 i 国在产品 k 的出口贸易中显示出的比较优势;X_{ik}代表 i 国产品 k 的出口额;X_i 代表 i 国的出口总额;X_{wk}代表世界各国产品 k 的出口额;X_w 代表全世界所有商品的出口总额。若 k 产品在 i 国的出口占 i 国出口总额的比重小于世界各国 k 产品的出口占全世界所有商品出口总额的比重,即若 $0 < RCA_{ik}^x < 1$,则说明 i 国的 k 产品在国际分工中具有比较劣势;相反,若 $RCA_{ik}^x > 1$,则说明 i 国的 k 产品在国际分工中具有比较优势。

相应的,一国进口产品的显示性比较优势指数为 RCA^m,可以用公式表示为:

$$RCA_{ik}^m = (M_{ik}/M_i)/(M_{wk}/M_w)$$

式中,RCA_{ik}^m 代表 i 国在产品 k 的进口贸易中显示出的比较优势;M_{ik} 代表 i 国产品 k 的进口额;M_i 代表 i 国进口总额;M_{wk} 代表全世界所有商品的进口额;M_w 代表全世界所有商品的进口总额。若 k 产品在 i 国的进口占 i 国进口总额的比重小于世界各国 k 产品的进口占全世界所有商品进口总额的比重,即若 $0 < RCA_{ik}^m < 1$,则说明 i 国的 k 产品在国际分工中具有比较优势;相反,若 $RCA_{ik}^m > 1$,则说明 i 国的 k 产品在国际分工中不具有比较优劣。

另外,由于 RCA_{ik}^x 指数和 RCA_{ik}^m 指数的取值区间都为 $[0, \infty]$,存在分布不对称的问题,Dalum 等人(1998)对其进行了改进,提出对称显示性比较优势指数 $RSCA$,将该指数的取值区间锁定为 $[-1, 1]$,分布的均值为 0,解决了 RCA 存在的分布范围过广,不便于比较的缺陷。本研究采纳这一技术修正,进一步将对称显示性比较优势指数分为出口贸易对称显示性比较优势指数 $RSCA^x$ 和进口贸易对称显示性比较优势指数 $RSCA^m$。

(3)对外贸易商品实际比较优势指数的构建

从出口贸易和进口贸易两方面考虑,可以将一国对称显示性比较优势指数分为 $RSCA^x$ 和 $RSCA^m$。

一国出口产品的对称显示性比较优势指数可以用公式表示为:

$$RSCA_k^x {}_{\delta}^{\bullet} PPP \blacklozenge = (RCA_k^x - 1)/(RCA_k^x + 1)$$

同样的,一国进口产品的对称显示性比较优势指数可以用公式表示为:

$$RSCA_k^m = (RCA_k^m - 1)/(RCA_k^m + 1)$$

$RSCA_k^x$ 和 $RSCA_k^m$ 取值区间都为 $[-1, 1]$,从出口来看,若一国产品 k 的 $RSCA_k^x \in [-1, 0]$,表示产品 k 在国际分工中具有比较劣势;若产品 k 的 $RSCA_k^x \in [0, 1]$,表示产品 k 在国际分工中具有比较优势。从进口来看,若产品 k 的 $RSCA_k^m \in [-1, 0]$,表示产品 k 在国际分工中具有比较优势;若产品 k 的 $RSCA_k^m \in [0, 1]$,表示产品 k 在国际分工中具有比较劣势。因此可以得出推论:

①当一国实行自由贸易政策或实行的进口贸易政策与出口贸易政策一致的条件下,同一种产品的 $RSCA_k^x$ 和 $RSCA_k^m$ 的关系应该是大小相等,符号相反,即 $RSCA^{xk} \delta WTBZ] = -RSCA_k^m$。

②当一国实行的进口贸易政策与出口贸易政策不一致的条件下,同一种产品的 $RSCA_k^x$ 和 $RSCA_k^m$ 的大小和符号都不确定。

下面针对这一推论构建一国对外贸易商品的实际比较优势指数,这里需要特别强调的是,为了使公式更简化,需要将一国进口贸易的对称显示性比较优势指数调整为 $RSCA_k^M \spadesuit \delta PPP \blacklozenge$,令 $RSCA_k^M = -RSCA^{mk} \delta$ 这样,$RSCA_k^M$ 的取值区间仍为 $[-1,1]$,分布均值仍为 0,不同的是,若某种产品 $RSCA^M \in [-1,0]$,表示该产品在国际分工上具有比较劣势;若某种产品 $RSCA^M \in [0,1]$,表示该产品在国际分工上具有比较优势。经过调整的 $RSCA_k^M$ 取值区间和含义都与 $RSCA_k^x$ 完全一致,在自由贸易政策或进出口政策一致的条件下,有 $RSCA_k^M = RSCA_k^x$。这种做法的目的还在于,在进出口贸易政策不一致的条件下,便于将一国出口产品显现在国际分工中的比较优势与一国进口产品显现在国际分工中的比较优势做对比。

综上所述,本研究构建的一国对外贸易实际比较优势指数为 TRSCA (Revealed Symmetry Comparative Advantage of Trade),可以用公式表示为:

$$TRSCA_k = 1/2 [RSCA_k^x + RSCA_k^M] \qquad 公式4.1$$

式中,$RSCA_k^x$ 表示一国出口产品 k 在国际分工中的比较优势,在以下测算中简称为显示于出口贸易中的分工优势;$RSCA_k^M$ 表示一国进口产品 k 在国际分工中的比较优势,在以下测算中简称为显示于进口贸易的分工优势。TRSCA 的取值区间也为 $[-1,1]$,满足分布的对称性,便于同 $RSCA_k^x \spadesuit \delta PPP \blacklozenge$ 和 $RSCA_k^M$ 相比较。具体来看,当一国实行自由贸易政策或实行的进口贸易政策与出口贸易政策一致的条件下,有 $RSCA_k^M = RSCA_k^x$,则一国产品 k 对外贸易的实际比较优势为:

$$TRSCA_k = 1/2 [RSCA_k^x + RSCA_k^M] = 1/2 [RSCA_k^x + RSCA_k^x] = RSCA^x$$

可以看出,Balassa 构建的一国出口显示性比较优势指数是测算一国对外贸易商品实际比较优势的一个特例。

TRSCA 这一指标在实际测算中,一般需要按照一定的标准对对外贸易商品进行分类,测算某一类贸易品的比较优势状况。这时,对所分类商品的实际比较优势状况进行加权平均比简单的算术平均更科学。下面给出在公式 4.1 的基础上,一国对外贸易某类具体商品的实际比较优势指数的计算公式:

$$TRSCA_j = \frac{1}{2} \sum_{j=1}^{n} \left[RSCA_k^x (T_k/T_j) \right] + \sum_{j=1}^{n} \left[RSCA_k^M (T_k/T_j) \right] \qquad 公式 4.2$$

式中,$TRSCA_j$ 代表一国第 j 类产品的对外贸易实际比较优势;$RSCA_k^x$ 代表一国第 k 种产品显示于出口贸易的分工优势;$RSCA_k^M$ 代表一国第 k 种产品显示于进口贸易的分工优势;T_k/T_j 代表权重,这里用一国第 k 种商品的进出口额占第 i 类产品进出口总额的比重表示。

二、对外贸易政策干预指数的构建

本节开篇已提及构建一国对外贸易政策干预指数的基本思路。在没有任何政策干预的情况下,一国对外贸易将会完全依照其自身的比较优势开展,此时该国对外贸易商品的国际竞争力与对外贸易商品的实际比较优势相一致;在存在政策干预的情况下,一国对外贸易将会偏离其自身的比较优势,此时该国对外贸易商品的国际竞争力与对外贸易商品的实际比较优势将出现不一致的状况。一国对外贸易商品的国际竞争力偏离其实际比较优势的程度越大,说明该国在对外贸易上的政策干预程度越大,反之则越小。

衡量一国对外贸易商品国际竞争力的方法有多种,应用比较普遍的是贸易专业化指数(Trade Specialization Coefficient, TSC)。

贸易专业化指数(TSC),也被称为净出口比率。[①] TSC 可以用公式表示为:

$$TSC = (X_k - M_k)/(X_k + M_k)$$

式中,X_k 代表一国 k 产品的出口额,M_k 代表一国 k 产品的进口额。

贸易专业化指数 TSC 的取值区间为 $[-1,1]$,分布的均值为 0。TSC 的取值在区间 $[-1,0]$,表明一国在 k 产品上的生产效率低于世界整体水平,在 k 产品的对外贸易上不具有竞争优势,是 k 产品的净进口国。该取值越接近 -1,则竞争劣势越大。TSC 的取值在区间 $[0,1]$,表明一国在 k 产品上的

---

① 张玮. 国际贸易[M]. 北京:高等教育出版社,2011.

生产效率高于世界整体水平,在 k 产品的对外贸易上具有竞争优势,是 k 产品的净出口国。该取值越接近 1,则竞争优势越大。若 $TSC = -1$ 表明一国在 k 产品上只有进口,没有出口,实现了 k 产品的完全进口专业化;若 $TSC = 1$ 表明一国在 k 产品上只有出口,没有进口,实现了 k 产品的完全出口专业化。

当将一国对外贸易商品按照某种标准进行分类后,具体某一类商品的贸易专业化指数可以用公式表示为:

$$TSC_j = (X_k - M_k)/(X_k + M_k) \qquad\qquad 公式 4.3$$

式中,TSC_j 代表一国第 j 类商品的国际竞争力指数。

综上所述,衡量一国对外贸易商品国际竞争力和实际比较优势的指标已经确定,可以构建一国对外贸易政策干预指数(G),用公式表示为:

$$G = TSC - TRSCA \qquad\qquad 公式 4.4$$

式中,G 代表一国对外贸易政策干预指数;TSC 代表一国对外贸易产品国际竞争力指数;$TRSCA$ 代表一国对外贸易产品实际比较优势指数。在这里 TSC 和 $TRSCA$ 的取值区间均为 $[-1,1]$,均值均为 0,因此二者可以进行比较,且 G 的取值区间为 $[-2,2]$,均值亦为 0。若 G 的取值在 $[-2,0]$,表明一国通过政策干预,使该国对外贸易商品的国际竞争力低于其实际的比较优势;若 G 的取值在 $[0,2]$,表明一国通过政策干预,使该国对外贸易商品的国际竞争力高于其实际的比较优势。G 的取值越偏离 0,说明一国政府对其对外贸易的干预程度越深;G 的取值越趋近于 0,表明一国对外贸易政策越接近于自由贸易政策;G 的取值等于 0,说明一国并未对其对外贸易进行政策干预。

将公式 4.2 和 4.3 带入公式 4.4,可以得到某一类对外贸易产品的政策干预指数,用公式表示为:

$$G_j = (X_k - M_k)/(X_k + M_k) - \frac{1}{2}\sum_{i=1}^{n}\left[RSCA_k^x(T_k/T_i)\right] + \sum_{i=1}^{n}\left[RSCA_k^M(T_k/T_i)\right]$$

$$公式 4.5$$

式中,G_j 代表一国政府对某类具体对外贸易产品 j 的政策干预指数,可以用来判别该国这类产品的对外贸易政策取向。

第二节　中国对外贸易商品国际竞争力发展现状及演进

改革开放以来,中国对外商品贸易飞速发展,实现了自1994—2012年连续19年商品贸易顺差,成为世界第一出口大国。在总体贸易顺差的背后,笔者关注三个具体问题:一是哪类商品的贸易顺差最大? 二是出现贸易顺差的商品是否一定具有比较优势? 三是持续出现贸易顺差商品的技术含量是否有所提高?

为了解答上述问题,笔者首先要对对外贸易商品进行分类汇总,而英国经济学家拉奥(Lall)在2000年设计的商品分类方法符合笔者的研究思路。[①]拉奥以国际贸易标准分类(SITC Rev. 2)三位数为基础,将对外贸易产品按技术含量进行分类汇总,归为11大类,[②]既可观察每类对外贸易商品差额变动趋势,又可观测对外贸易商品技术含量的变动趋势(见表4.1)。笔者按照拉奥的分类方法收集数据并对数据进行聚类,进而对中国对外贸易商品的国际竞争力发展现状及演进展开分析。研究数据来自联合国统计署商品贸易数据库(Comtrade Database)。

一、中国对外贸易商品国际竞争力发展现状

2011年,在全部239类进出口商品中,中国有进出口的商品包括237类,商品编码为675和911两类商品在2011年没有进出口。在中国237类进出口商品中,对外贸易顺差商品有142类,对外贸易逆差商品有95类(见

---

① Lall S. , "Technological Structure and Performance of Developing Country Manufactured Exports, 1985－98". *Oxford Development Studies*,2000(3).

② Lall以国际贸易分类标准(SITC Rev. 2)三位数为基础,将原属于10大类的230种产品按照技术含量重新进行聚类,分为初级产品(PP)、资源型制成品(RB)、低技术产品(LT)、中技术产品(MT)和高技术产品(HT)五大类。在此基础上,又进一步将资源型制成品分为农业制成品(RB1)和其他资源型制成品(RB2);低技术产品分为纺织服装等产品(LT1)和其他低技术产品(LT2);中技术产品分为自动化产品(MT1)、加工工业产品和工程类产品(MT2);高技术产品分为电子器件及电气产品(HT1)和其他高技术产品(HT2),加上其他未分类产品(OTHER),共11类。

图 4.1)。在出现对外贸易顺差的 142 类商品中,顺差额最大的前 20 类商品总额占 2011 年全部 142 类对外贸易顺差商品总额的 63%(见表 4.2);在出现对外贸易逆差的 95 类商品中,逆差额最大的前 20 类商品总额占 2011 年全部 95 类对外贸易逆差商品总额的 79%(见表 4.3)。从顺差商品技术结构来看,2011 年中国顺差最大的前 20 类商品中有 7 种属于纺织服装等产品 $LT1$,6 种属于其他低技术产品 $LT2$,2 种属于工程类产品 $MT3$,5 种属于电子器件及电器产品 $HT1$,这反映出中国在低技术产品上具有普遍的出口优势,在高技术产品上具有一定的出口优势。这个结果呈现出一种矛盾,中国为何同时在低技术产品和高技术产品上都具有出口的优势? 中国的产品优势或者产业优势到底体现在低技术还是高技术行业? 可以肯定的是,鉴于多年来中国政府对其对外贸易的政策干预,出现对外贸易顺差的产品并不等同于在这种产品的生产上具有比较优势,更不等同于这个产业一定具有比较优势。从逆差商品技术结构来看,2011 年中国逆差最大的前 20 类商品中有 4 种属于初级产品 PP,1 种属于农业制成品 $RB1$,5 种属于其他资源型制成品 $RB2$,2 种属于自动化产品 $MT1$,2 种属于加工工业产品 $MT2$,2 种属于工程类产品 $MT3$,1 种属于电子器件及电器产品 $HT1$,2 种属于其他高技术产品 $HT2$,1 种属于其他未分类产品。这个结果显示,反映出中国重点进口的商品类别从技术结构上看比较分散,基本涵盖了每一种技术类型。相比之下,对于初级产品和其他资源类制成品进口比重较大。可以肯定的是,这个结果同样不能说明中国在初级产品和其他资源类制成品的生产上一定具有比较劣势。

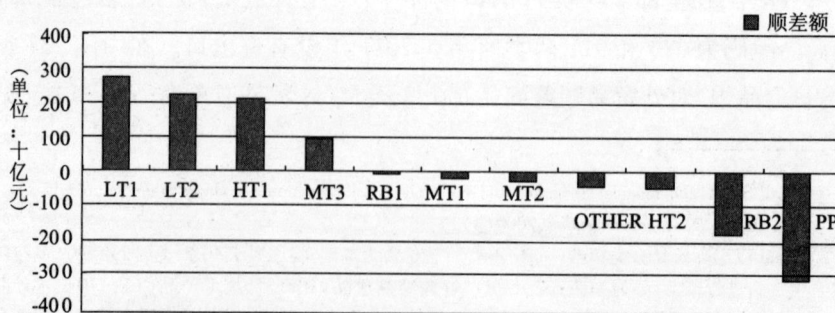

图 4.1　2011 年基于技术划分的中国对外商品贸易差额

表 4.1　按技术含量划分的产品分类表(SITC Rev. 2 三位数标准)

产品分类		三位数种类编号
初级产品 PP(共 48 种)		001,011,022,025,034,036,041,042,043,044,045,054,057,071,072,074,075,081,091,121,211,212,222,223,231,244,245,246,263,268,271,,272,273,274,277,278,291,292,321,333,343,681,682,683,684,685,686,687
资源型制成品 RB(共 63 种)	农业制成品 RB1(35 种)	012,014,023,024,035,037,046,047,048,056,058,061,062,073,098,111,112,122,233,247,248,251,264,265,269,423,424,431,621,625,628,633,634,635,641
	其他资源型制成品 RB2(27 种)	281,282,286,287,288,289,323,334,335,411,511,514,515,516,522,523,531,532,551,592,661,662,663,664,667,689
低技术产品 LT(共 44 种)	纺织服装等产品 LT1(20 种)	611,612,613,651,652,654,655,656,657,658,659,831,842,843,844,845,846,847,848,851
	其他低技术产品 LT2(24 种)	642,665,666,673,674,675,676,677,679,691,692,693,694,695,696,697,699,821,893,894,895,897,898,899
中技术产品 MT(共 58 种)	自动化产品 MT1(5 种)	781,782,783,784,785
	加工工业产品 MT2(22 种)	266,267,512,513,533,553,554,562,571,572,573,574,575,579,581,582,583,591,593,597,598,653,671,672,678,786,791
	工程类产品 MT3(31 种)	711,713,714,721,722,723,724,725,726,727,728,736,737,741,742,743,744,745,749,762,763,772,773,775,793,811,872,873,884,885,895
高技术产品 HT(共 18 种)	电子器件及电气产品 HT1(11 种)	716,718,751,752,759,761,764,771,774,776,778
	其他高技术产品 HT2(7 种)	524,541,712,792,871,874,881
其他未分类产品 OTHER(共 9 种)		351,883,892,896,911,931,941,961,971

资料来源:Lall,S.(2000),"The Technological Structure and Performance of Developing Country Manufactured Exports,1985 – 98",*Oxford Development Studies* 28.

表4.2 2011年中国进出口贸易顺差商品排位

排位	商品编号	商品名称	商品种类	进出口差额	国际竞争力指数	NX权重
1	752	自动数据处理设备及其部件等	HT1	1.3E+11	0.6869	0.0358
2	764	电力机械	HT1	1.18E+11	0.5740	0.0325
3	845	针织或钩编的女式外套等	LT1	5.69E+10	0.9754	0.0156
4	821	家具及其零件等	LT2	4.29E+10	0.9051	0.0118
5	793	卫生、水道、供热装置	MT3	4.16E+10	0.9106	0.0114
6	851	鞋靴	LT1	3.81E+10	0.9366	0.0105
7	894	婴孩车、玩具、游戏品及运动用品	LT2	3.51E+10	0.9231	0.0096
8	775	未列名家居设备	MT3	3.1E+10	0.9138	0.0085
9	843	非针织或钩编的女式外套等	LT1	2.94E+10	0.9417	0.0081
10	831	箱包等	LT1	2.27E+10	0.8931	0.0062
11	658	未列名针织或钩编织物	LT1	2.21E+10	0.9759	0.0061
12	761	无线电收音机	HT1	2.19E+10	0.9756	0.0060
13	897	首饰、金银器等	LT2	2.14E+10	0.9112	0.0059
14	842	非针织或钩编的男式外套等	LT1	2.12E+10	0.9125	0.0058
15	893	未列名塑料制品	LT2	2E+10	0.6691	0.0055
16	778	主要用于载人的机动车辆	HT1	1.9E+10	0.2557	0.0052
17	846	未列名纺织服装	LT1	1.82E+10	0.9496	0.0050
18	751	办公室用机械及自动数据处理设备	HT1	1.68E+10	0.7398	0.0046
19	699	未列名家用贱金属器具	LT2	1.54E+10	0.5499	0.0042
20	899	未列名杂项制品	LT2	1.48E+10	0.7474	0.0041

资料来源:根据 UN Comtrade Database 相关数据计算。

表4.3 2011年中国进出口贸易逆差商品排位

排位	商品编号	商品名称简称	商品种类	进出口差额	国际竞争力指数	NX权重
1	333	电流	PP	−1.97E+11	−0.9808	−0.0536
2	776	未列名电气机器及器具	HT1	−1.96E+11	−0.4761	−0.0347
3	281	其他动物原料	RB2	−1.12E+11	−0.1000	−0.0308
4	871	光学仪器及设备	HT2	−5.3805E+10	−0.2519	−0.0060

（续表）

排位	商品编号	商品名称简称	商品种类	进出口差额	国际竞争力指数	NX权重
5	931	非法定货币的硬币	OTHER	−4.9498E+10	−0.9097	−0.0130
6	583	其他初级形状的塑料	MT2	−4.3975E+10	−0.6659	−0.0097
7	781	货运机动车辆等	MT1	−4.0941E+10	−0.8492	−0.0103
8	287	煤砖、褐煤及泥煤	RB2	−3.8988E+10	−0.9705	−0.0106
9	772	未列名配电设备	MT3	−3.8594E+10	−0.1051	−0.0020
10	682	钢铁丝	PP	−3.6798E+10	−0.7190	−0.0085
11	728	切削金属或其他材料的机床	MT3	−3.6065E+10	−0.5489	−0.0070
12	334	动物油、脂	RB2	−3.4203E+10	−0.2416	−0.0037
13	222	用于提取软性植物油的油子及含油果实	PP	−3.13E+10	−0.9541	−0.0084
14	874	未列名测量、检验、分析及控制用仪器及装置	HT2	−2.5595E+10	−0.4092	−0.00410
15	322	液化丙烷及丁烷	PP	−2.3883E+10	−0.7985	−0.0058
16	784	机动及非机动摩托车等	MT1	−2.1275E+10	−0.0170	−0.0002
17	288	煤矿、褐煤或泥煤制成的焦炭及半焦炭	RB2	−2.1036E+10	−0.9976	−0.0058
18	511	有机—无机化合物等	RB2	−2.0883E+10	−0.6586	−0.0046
19	251	棉花	RB1	−1.8907E+10	−0.9759	−0.0051
20	582	初级形状的聚缩醛等	MT2	−1.8791E+10	−0.4198	−0.0031

资料来源：根据 UN Comtrade Database 相关数据计算。

从产品的技术含量角度分析，一方面，可以看出，2011 年中国进出口商品实现顺差的商品种类按照顺差的大小依次是纺织服装类产品 LT1、其他低技术产品 LT2、电子电力产品 HT1 和工程类产品 MT3；另一方面，可以看出，2011 年中国进出口商品存在贸易逆差的商品种类按照逆差的大小依次是初级产品 PP、其他资源型制成品 RB2、其他高技术制成品 HT2、其他未分类产品 OTHER、加工工业产品 MT2、自动化产品 MT1 和农业制成品 RB1。

总体来看，中国对外贸易顺差的商品种类主要集中在低技术产品和高技术产品上，对外贸易逆差的商品种类主要集中在初级产品和以其他资源为原料的产品上。

二、中国对外贸易商品国际竞争力发展演进

此部分主要观测改革开放以来中国按技术含量划分的中国对外贸易商品动态演进状况。鉴于联合国统计署数据库与本研究相关的数据最早可追溯到 1987 年,本研究的样本区间为 1987－2011 年。笔者将 1987—2011 年中国对外贸易的 239 种商品按技术含量分为 11 类,分别观测每一种技术类型产品的对外贸易动态演进状况。①

（1）初级产品对外贸易动态演进

从初级产品的进出口状况来看,中国从 1987 年开始到 1995 年一直处于贸易顺差局面,1996 年初级产品的进口大于出口,首次出现逆差局面,1997 年和 1998 年基本处于进出口持平状态。从 1999 年开始,初级产品又处于进口大于出口的局面,且这种逆差不断扩大,到 2011 年这种逆差占中国进出口总额的比重是这 25 年来最大的。这说明,随着中国进出口规模的不断扩大,初级产品的逆差比重也在不断扩大,反映出中国在初级产品的对外贸易上已经逐年丧失了竞争优势（见图 4.2）。

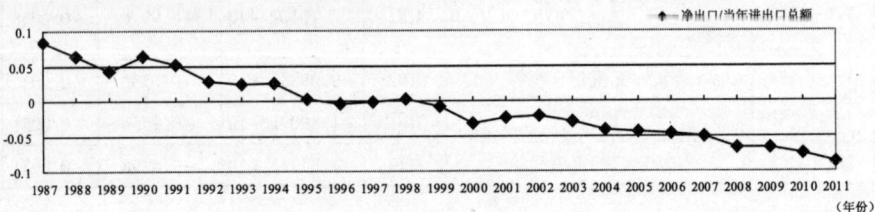

图 4.2　PP 对外贸易动态演进

（2）资源型制成品对外贸易动态演进

从农业制成品的进出口状况来看,除了 1993 年、2005 年、2006 年和 2007 年以外,农业制成品一直处于对外贸易逆差地位,1988 年农业制成品贸易逆差占进出口贸易总额的比重最大。2005 年以来农业制成品进出口差额不论是顺差还是逆差,幅度都不是很大（见图 4.3）。

---

① 根据本研究关注的重点,这里报告初级产品、资源型制成品、低技术产品、中等技术产品、高技术产品共 10 类产品的测算结果,略去第 11 类其他为分类产品实际比较优势的测算结果。

从其他资源型制成品的进出口状况来看,除了 1987 年、1990 年和 1991 年中国在资源型制成品上存在贸易顺差之外,其他年份一直存在对外贸易逆差,并且自 1995 年以后,其他资源型制成品对外贸易逆差占进出口总额的比重在逐年扩大(见图 4.4)。

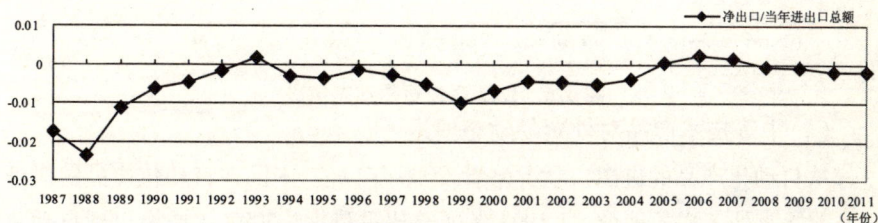

图 4.3　RB1 对外贸易动态演进

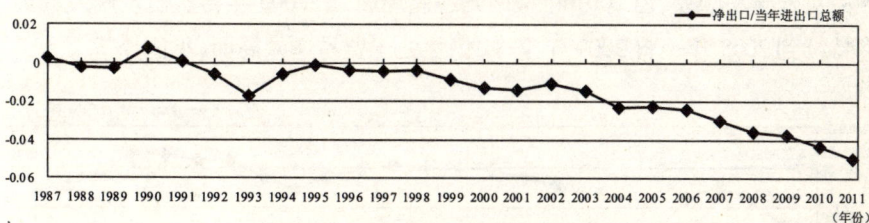

图 4.4　RB2 对外贸易动态演进

(3)低技术产品对外贸易动态演进

从纺织服装产品的进出口状况来看,1987—2011 年,中国纺织服装产品在对外贸易上始终处于绝对顺差地位,从 1997 年以后,纺织服装产品的贸易顺差占进出口总值的比重逐年稳步下降(见图 4.5)。

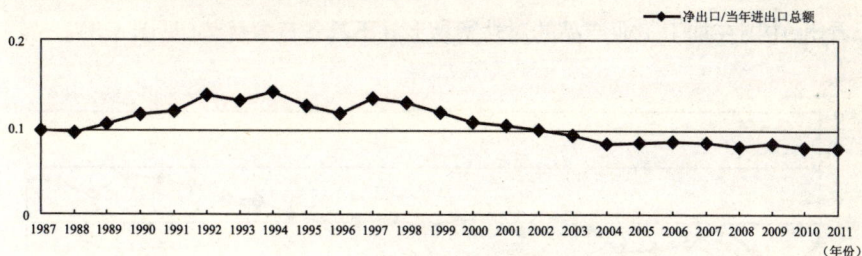

图 4.5　LT1 对外贸易动态演进

从其他低技术产品的进出口状况来看,1990 年以前,中国其他低技术产品对外贸易一直存在逆差的状况,从 1990 年开始,其他低技术产品出口大于进口,并且比重逐渐扩大,1993 年这种顺差局面有所回落,1994—2011 年这种顺差局面稳步扩大(见图 4.6)。

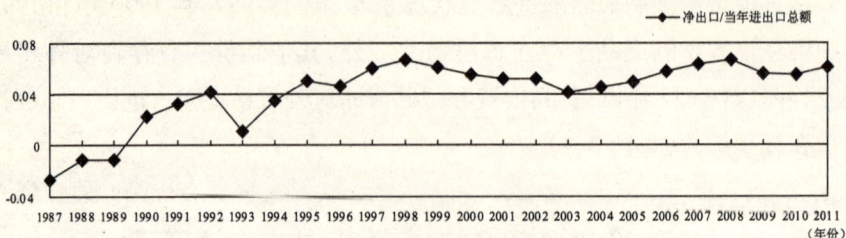

图 4.6 LT2 对外贸易动态演进

（4）中等技术产品对外贸易动态演进

从自动化产品的进出口状况来看，2000 年以前，中国在自动化产品的对外贸易上一直处于逆差地位，且 1993 年逆差比重最大。2000 年首次出现自动化产品对外贸易顺差，但 2001 年又回到逆差局面，于 2005 年再次出现顺差局面，并持续到 2008 年。自 2009 年至今，仍然处于贸易逆差局面（见图 4.7）。

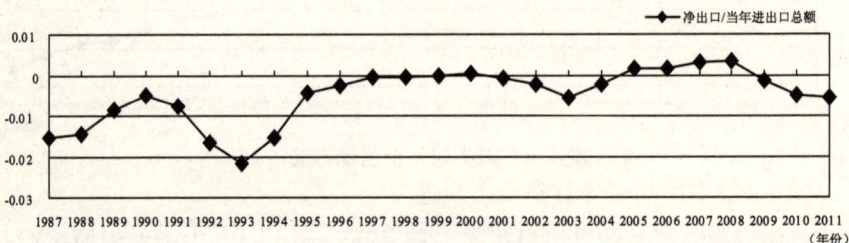

图 4.7 MT1 对外贸易动态演进

从加工工业产品的进出口状况来看，1987—2011 年，中国加工工业产品一直处于对外贸易逆差局面，虽然这种逆差的局面从 2003 年开始逐年得到改善，但可以看出，中国在加工工业产品的对外贸易上并不具备竞争优势（见图 4.8）。

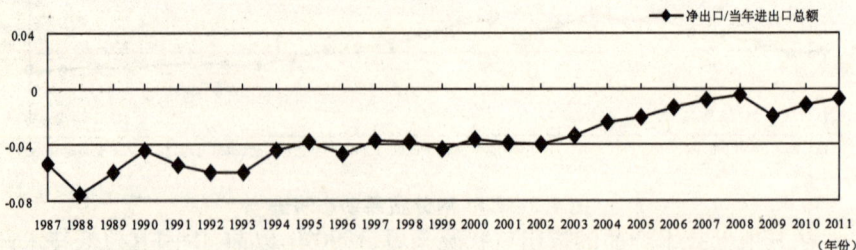

图 4.8 MT2 对外贸易动态演进

从工程类产品的进出口状况来看，2005 年之前中国工程类产品始终处于对外贸易逆差地位，但这种逆差局面在逐年改善。从 2005 年首次出现对外贸易顺

差后,一直保持着顺差局面,2008 年以后顺差比重出现些微下降。(见图 4.9)

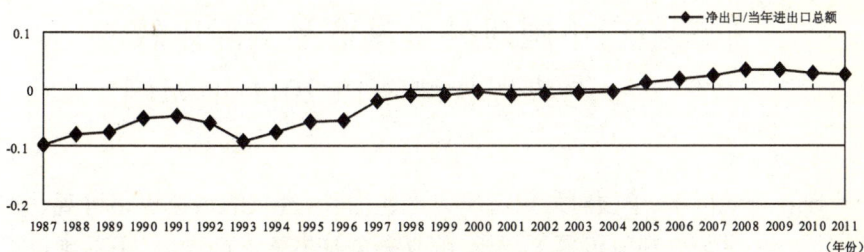

图 4.9　MT3 对外贸易动态演进

(5)高技术产品对外贸易动态演进

从电子器件及电气产品的进出口状况来看,1987—1995 年,中国电子器件及电气产品存在很大的贸易逆差,但这种逆差的局面逐年有所改善,到了 1996 年首次出现贸易顺差并一直维持到 1998 年,1999—2001 年又回到逆差的状态。从 2002 年开始,电子器件及电气产品再次出现贸易顺差,这种顺差局面一直持续到现在,且顺差占进出口总额的比重在逐年平稳加大(见图 4.10)。

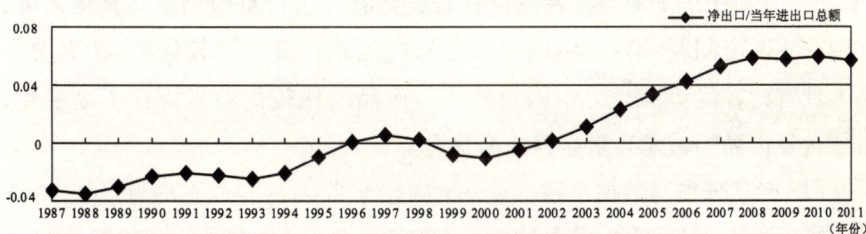

图 4.10　HT1 对外贸易动态演进

从其他高科技产品的进出口状况来看,1987—2011 年中国在其他高科技产品的对外贸易上始终存在逆差的状况,并且这种局面一直未见改善(见图 4.11)。

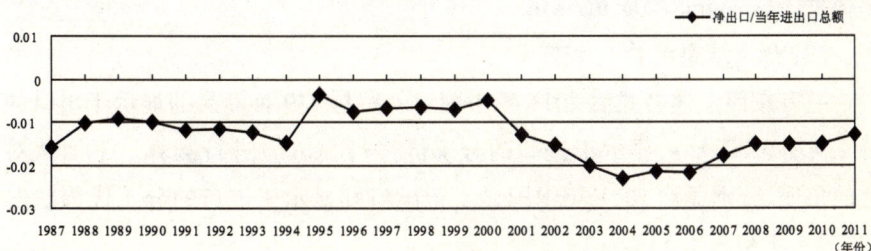

图 4.11　HT2 对外贸易动态演进

— 61 —

第三节 中国对外贸易商品实际比较优势现状测算以 2011 年为例

改革开放以来,中国对外贸易出口迅速增长,进口的增速也很可观。在产业内分工迅速发展的当下,一国在出口大量某类产品的同时,也会进口大量此类产品。同时,由于各国政府普遍倾向于实施不对称的对外贸易政策,因此仅从出口的角度考察一国对外贸易商品实际比较优势状况,其测算结果是明显有偏的,尤其对于出口贸易和进口贸易额都很高的大国,很容易造成对一国对外贸易实际比较优势的高估或低估。构建对外贸易商品实际比较优势指数是现实的经验性分析的需要。

此部分研究旨在运用上部分构建的对外贸易商品实际比较优势指数(TRSCA),对中国的对外贸易实际比较优势状况进行重新测定。具体来讲,试图回答两个问题:第一,中国对外贸易产品是否具有比较优势,在哪类产品上具有比较优势;第二,中国对外贸易产品的比较优势是否在不断变化,对外贸易产品的技术含量是否有所提升。

(1)产品分类与数据来源

笔者仍以国际贸易标准分类(SITC Rev. 2)三位数为基础,按照拉奥(2000)的分类方法,将中国对外贸易 239 种产品按技术含量进行分类汇总,归为 11 类,逐类重新测定其实际比较优势。

按照上述公式 4.4 的加权平均计算方法查找相应数据并测算中国 2011 年 11 类进出口产品的实际比较优势。研究数据均来自联合国统计署商品贸易数据库(Comtrade Database)。

(2)测定结果汇总

笔者按照上述公式对 2011 年中国对外贸易 239 种商品的显示于出口的分工优势(RSCA^X)、显示于进口的分工优势(RSCA^M)进行测算。下面从对比的角度,分别显示 2011 年中国显示于出口和显示于进口的分工优势状况(见表 4.4 和表 4.5)。

从出口贸易看,2011 年中国最具分工优势的产品类别是电子器件及电气产品(HT1)。在最具分工优势的前20种产品中,有7种属于纺织服装类产品(LT1),有6种属于电子器件及电气产品(HT1),有3种属于工程类产品(MT3),有2种属于其他低技术产品(LT2),有1种属于加工工业产品(MT2),有1种属于其他高科技产品(HT2)。测定结果显示,在出口方面,中国具有分工优势的产品主要集中在低技术和高技术产品上,在中等技术产品上并不具备分工优势。这主要是由中国在低技术产品上的劳动力成本优势和针对高技术产品的战略性贸易政策所致。

表4.4　2011年显示于出口贸易的中国对外贸易商品比较优势排位

排位	商品编号	商品种类	RSCAx	权重	RSCAx 加权值
1	752	HT1	0.5850	0.0521	0.0305
2	764	HT1	0.4504	0.05660	0.0255
3	871	HT2	0.4158	0.0236	0.0098
4	845	LT1	0.6119	0.0160	0.0098
5	851	LT1	0.5521	0.0112	0.0062
6	821	LT2	0.4342	0.0130	0.0057
7	778	HT1	0.2654	0.0205	0.0054
8	894	LT2	0.5131	0.0104	0.0054
9	759	HT1	0.2552	0.0175	0.0045
10	843	LT1	0.5197	0.0086	0.0045
11	793	MT3	0.34070	0.0125	0.0043
12	775	MT3	0.4522	0.0093	0.0042
13	831	LT1	0.5811	0.0070	0.0041
14	658	LT1	0.60470	0.0062	0.0038
15	763	MT3	0.4614	0.0074	0.0034
16	842	LT1	0.5310	0.0064	0.00340
17	751	HT1	0.5414	0.0062	0.0034
18	771	HT1	0.3372	0.0097	0.0033
19	653	MT2	0.5268	0.0057	0.0030
20	652	LT1	0.5589	0.0043	0.0024

资料来源:根据 UN Comtrade Database 相关数据计算。

表4.5 2011年显示进口贸易的中国对外贸易商品比较优势排位

排位	商品编号	商品种类	RSCAm	权重	RSCAm 加权值
1	845	LT1	− 0. 8823	0. 0160	− 0. 0141
2	821	LT2	− 0. 72870	0. 0130	− 0. 00950
3	851	LT1	− 0. 7834	0. 01120	− 0. 0088
4	894	LT2	− 0. 78340	0. 0104	− 0. 0082
5	843	LT1	− 0. 8228	0. 0086	− 0. 0071
6	775	MT3	− 0. 7437	0. 0093	− 0. 0070
7	764	HT1	− 0. 11780	0. 05660	− 0. 0067
8	334	RB2	− 0. 4117	0. 0151	− 0. 0062
9	793	MT3	− 0. 4856	0. 0125	− 0. 0061
10	761	HT1	− 0. 9423	0. 0062	− 0. 0058
11	658	LT1	− 0. 8874	0. 0062	− 0. 0055
12	897	LT2	− 0. 7470	0. 0065	− 0. 0048
13	752	HT1	− 0. 0922	0. 0521	− 0. 0048
14	846	LT1	− 0. 8733	0. 0053	− 0. 0046
15	842	LT1	− 0. 7192	0. 0064	− 0. 0046
16	831	LT1	− 0. 5965	0. 0070	− 0. 0042
17	541	HT2	− 0. 6397	0. 0063	− 0. 0041
18	893	LT2	− 0. 4861	0. 0082	− 0. 0040
19	625	RB1	− 0. 8271	0. 0045	− 0. 0037
20	786	MT2	− 0. 9191	0. 0039	− 0. 0036

资料来源:根据 UN Comtrade Database 相关数据计算。

从进口贸易看,2011年中国最具分工优势的产品类别是纺织服装类产品(LT1)。在最具分工优势的前20种产品中,有7种属于纺织、服装类商品(LT1),有4种属于其他低技术产品(LT2),有3种属于电子器件及电气产品(MT2),有2种属于工程类产品(MT3),有1种属于农业制成品(RB1),有1种属于其他资源类制成品(RB2),有1种属于加工工业产品(MT2),有1种属于其他高科技产品(HT2)。测定结果显示,在进口方面,中国具有分工优势的产品明显地表现为低技术制成品。

由此可见,中国对外贸易商品在进口上显示的分工优势与在出口上显示的分工优势有所不同,相比之下,显示于进口的分工优势能够更客观地反映中国目前对外贸易实际的比较优势状况,这也正印证了构建一个新的更客观的对外贸易实际比较优势指数的必要性。

(3)测定结果分析

从对外贸易商品比较优势的现状来看,中国商品显示在对外贸易上的比较优势仍以低技术产品为主,中等技术产品和高技术产品从整体上看尚不具备比较优势。事实上,中国在高技术产品的出口上显现的分工优势主要源于加工贸易。通过进口高科技零部件等中间产品,并对其进行简单组装后重新出口导致了仅从出口角度测算,中国在高新技术产品上显示出具有很强的分工优势,如若单从进口角度测算,则会得到相反的结论。用新构建的 *TRSCA* 指数测算出的结果表明,中国在部分高科技产品的国际分工上已初具一定的比较优势,但没有仅从出口角度测算显示的那么强。由此可见,将进口纳入一国对外贸易比较优势的测算更科学、更客观地反映了中国对外贸易商品的实际比较优势状况。对外贸易商品实际比较优势指数的构建更真实地反映了中国商品在国际分工中的比较优势水平。

第五章 转型时期中国对外贸易
政策取向的动态分析

笔者所研究的转型时期中国对外贸易政策取向具体包括以下三个部分：中国在同一时期针对不同种类产品的对外贸易政策取向；中国在不同时期针对同一类产品的对外贸易政策取向；转型时期中国对外贸易产品加权后的总体政策取向。其中，中国在同一时期针对不同种类产品的对外贸易政策取向在第四章第三节已展开分析，本章重点分析后两个政策取向问题。在由笔者扩展的对外贸易商品实际比较优势指数的基础上，首先测算1987—2011中国对外贸易商品实际比较优势的动态演进；其次，结合第四章由笔者新构建的对外贸易政策干预指数，重点测算1987—2011年中国对外贸易政策取向的动态演进；最后，通过对显现于中国对外贸易商品的实际比较优势状况与国际竞争力进行汇总加权平均，从整体上测算中国对外贸易政策总体取向的动态演进状况，为第六章深入分析中国对外贸易政策总体取向产生的原因，并检验其政策绩效奠定基础。

第一节 中国对外商贸易品实际比较优势的动态演进

本节按照公式4.2的加权平均计算方法查找相应数据，并测算11类产品的实际比较优势。研究数据均来自联合国统计署商品贸易数据库（Comtrade Database）。由于联合国此项数据最早从1987年开始，因此本研究的样本区间为1987—2011年。

按照技术含量将中国对外贸易的239种商品聚合为11类，对中国1987—2011年显示于出口的分工优势（RSCA^x）、显示于进口的分工优势

（RSCA^M），以及对外贸易商品的实际比较优势（TRSCA）进行逐年计算，重点考察中国 11 类贸易商品实际比较优势的动态演进状况。①

一、初级产品实际比较优势的动态演进

从初级产品出口看，1987—1994 年，中国初级产品（PP）在出口贸易上一直显示为具有分工优势，但优势地位不断下降，自 1994 年起这种分工优势转为分工劣势，并一直持续至今。值得注意的是，这种分工劣势地位自 2003 年开始迅速下降。

从初级产品进口看，1987—2003 年，中国初级产品在进口贸易上一直显示为具有分工优势，但优势地位总体呈下降趋势，至 2004 年转为分工劣势，此后一直处于劣势地位。

从对外贸易商品实际比较优势看，自 1987 年以来，中国初级产品在对外贸易上逐渐由比较优势转化为比较劣势，并且劣势地位不断加强。这一方面反映出中国产品的资源优势已逐渐消逝；另一方面也反映出中国对外贸易商品结构在不断升级（见图 5.1）。

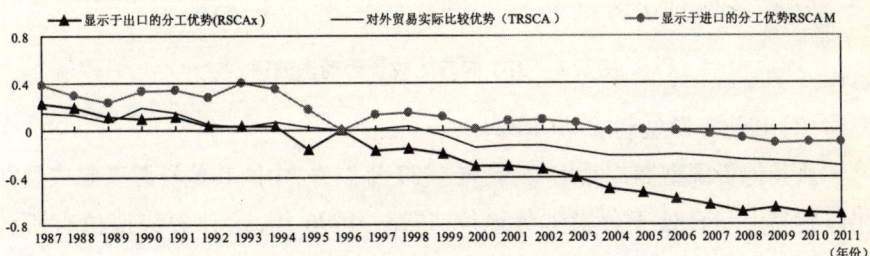

图 5.1　PP 实际比较优势动态演进

二、资源型制成品实际比较优势的动态演进

（1）农业制成品（RB1）

从农业制成品出口看，自 1987 年以来，中国农业制成品在出口贸易上一直显示为处于分工劣势地位。1987—1990 年，这种劣势地位有所缓和，但

———————

① 根据本研究关注的重点，这里报告初级产品、资源型制成品、低技术产品、中等技术产品、高技术产品共 10 类产品的测算结果，略去第 11 类其他为分类产品实际比较优势的测算结果。

1991 年又开始下降,自 1996 年劣势地位不断加强。

从农业制成品进口看,1987 年,中国农业制成品在进口贸易上显示为处于优势地位,1988 年转为分工劣势,自 1989 年起又转为分工优势,此后一直到 2011 年一直保持着分工优势地位。

从对外贸易商品实际比较优势看,自 1987 年以来,中国农业制成品在对外贸易上由比较劣势逐渐转化为比较优势,1987—1992 年,比较劣势地位迅速改善,1992—2004 年,劣势地位变化不大,从 2005 年开始,转化为比较优势并迅速扩大,2008 年后,受全球金融危机影响,比较优势地位开始回落。中国农业制成品对外贸易实际比较优势地位的逐渐改善得益于中国粮食深加工产业的不断发展(见图 5.2)。

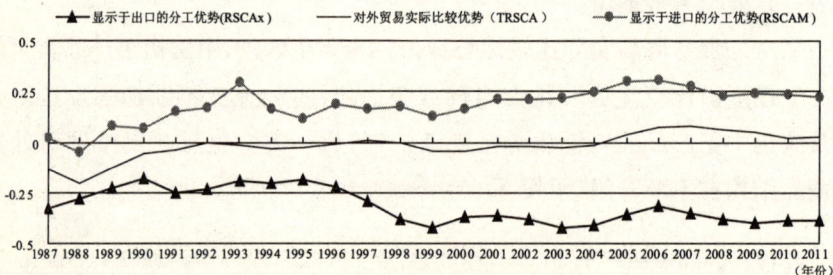

图 5.2 RB1 实际比较优势动态演进

(2)其他资源型制成品(RB2)

从其他资源型制成品出口看,自 1987 年以来,中国其他资源型制成品在出口贸易上一直处于分工劣势地位,1993—1996 年,这种劣势地位有所缓和,但自 1996 年开始,劣势地位不断加强(见图 5.3)。

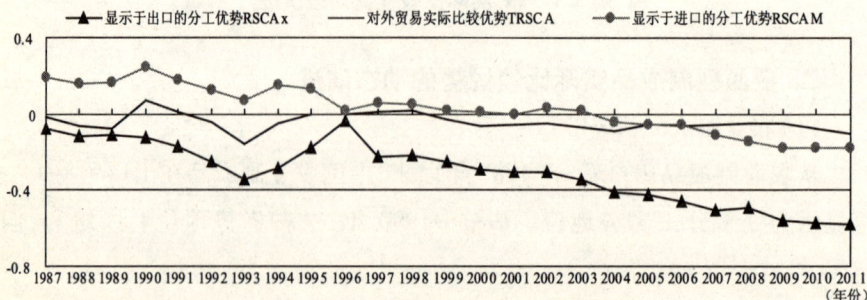

图 5.3 RB2 实际比较优势动态演进

从其他资源型制成品进口看,1987—2003 年,中国其他资源型制成品在进口贸易上一直处于分工优势地位,从 2004 年起转化为劣势地位,且劣势程度不断加强。

从对外贸易商品实际比较优势看,1987—1998 年,中国其他资源型制成品在对外贸易上一直处于比较劣势与比较优势交替出现的状况,1999—2011年则一直处于比较劣势地位,从 2005 年起劣势地位稍有缓和迹象,但 2009 年以后劣势地位又开始加强。中国其他资源型制成品总体比较优势的缓慢下降与中国矿藏、石油等资源型初级产品的大量消耗和日渐稀缺有密切关系。

三、低技术产品实际比较优势的动态演进

(1)纺织服装类产品(LT1)

从纺织服装类产品出口看,1987—2011 年,中国纺织服装类产品在出口贸易上显示出很强的分工优势,这种分工优势一直比较稳定,近年来有缓慢下降趋势。

从纺织服装类产品进口看,1987—1992 年,中国纺织服装类产品在进口贸易上显示为分工劣势,1993 年转变为分工优势,1995 年再次转变为分工劣势,自 1998 年起至今,又恢复到分工优势地位,并且这种优势地位在不断上升。

从对外贸易商品实际比较优势看,1987—2011 年,中国纺织服装类产品在对外贸易上一直显示为具有比较优势,且这种优势地位有稳健上升的趋势。中国长期以来在纺织服装类产品对外贸易上保持很强的比较优势,这在很大程度上是由中国相对丰裕的劳动力、廉价的劳动力成本决定的(见图5.4)。

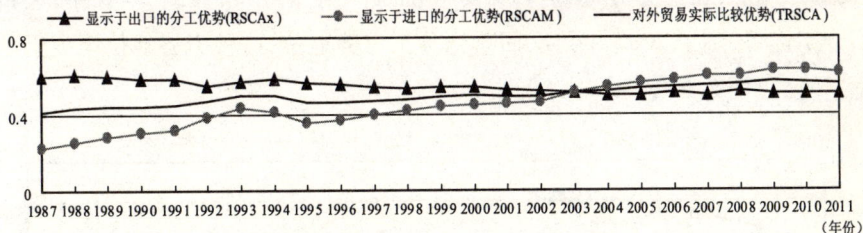

图 5.4 LT1 实际比较优势动态演进

(2)其他低技术类产品(LT2)

从其他低技术产品出口看,1987—1989 年,中国其他低技术产品在出口

贸易上显示为分工劣势,从1990年开始,其他低技术产品在出口贸易上一直显示为分工优势。从1993年起,这种分工优势在不断增强进而相对稳定,2003年有所下降,之后又稳步上升。

从其他低技术产品进口看,1987—1989年,中国其他低技术产品在进口贸易上显示为分工劣势,从1990年开始转为分工优势,并且优势地位不断增强。

从对外贸易商品实际比较优势看,除1993年和2003年优势地位有所减弱外,自1990年以来中国其他低技术产品一直体现为处于比较优势地位,并且有不断增强的趋势。中国在其他低技术产品的对外贸易上保持着很强的比较优势,这同样有赖于中国相对丰裕的劳动力禀赋(见图5.5)。

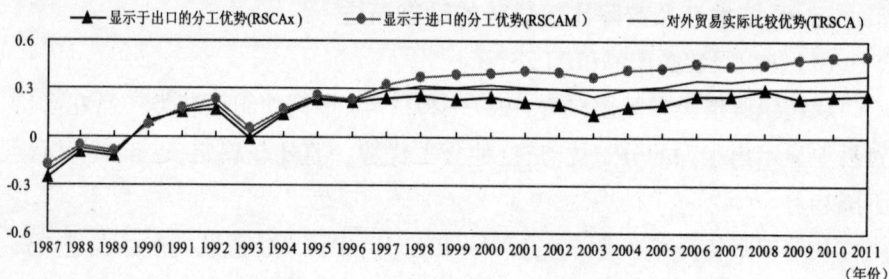

图5.5 LT2实际比较优势动态演进

四、中等技术产品实际比较优势的动态演进

(1)自动化产品(MT1)

从自动化产品出口看,1987年和1988年中国自动化设备在出口贸易上显示为分工劣势,从1989年起这种劣势地位变为分工优势,到了1992年这种优势骤然转变为劣势,但这种劣势局面逐年有所好转,直到2000年,又转回分工优势,到了2002年再次回落到分工劣势地位,这种劣势地位至今仍不见逆转(见图5.6)。

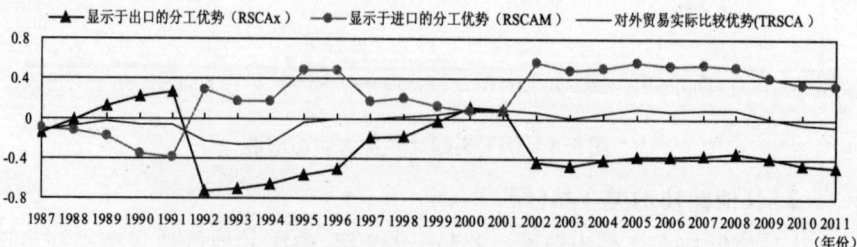

图5.6 MT1实际比较优势动态演进

从自动化产品进口看,1987—1991 年,中国自动化设备在进口贸易上显示为分工劣势,从 1992 年起转变为分工优势,并一直保持到现在。

从对外贸易商品实际比较优势看,1987—1996 年,中国自动化产品体现为具有比较劣势,并且劣势局面不断恶化,1997 年起又转变为比较优势,并稳定地保持着微弱比较优势的地位,自 2009 年以后,又跌入比较劣势状态。中国在自动化产品的对外贸易上显示出的微弱比较优势主要是因为中国在汽车等自动化产品的组装上仍具有劳动力优势。(见图 5.6)

(2)加工工业产品(MT2)

从加工工业产品出口看,1987—2011 年,中国加工工业产品在出口贸易上始终显示为处于分工劣势地位,这种地位有所缓和,但仍然未转为分工优势。

从加工工业产品进口看,1987—2010 年,中国加工工业产品在进口贸易上始终显示出比较劣势地位,劣势地位在逐年改善,终于在 2011 年转为分工优势。

从对外贸易商品实际比较优势看,中国在加工工业产品的对外贸易上始终处于比较劣势地位,但劣势状况有逐渐缓解的迹象。中国在加工工业产品的对外贸易上具有明显的比较劣势,这是因为中国在以技术、资本投入为主的化工等加工工业产品生产上仍落后于发达国家(见图 5.7)。

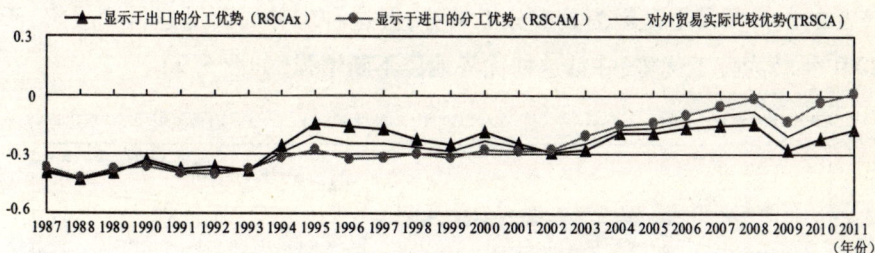

图 5.7　MT2 实际比较优势动态演进

(3)工程类产品(MT3)

从工程类产品出口看,1987—2004 年,中国工程类产品在出口贸易上显示为处于分工劣势地位,劣势地位在 1991 年得到缓解,但 1992 年劣势地位再次加深,随后的几年劣势地位逐步缓解,并于 2005 年转为分工优势,并一直保持至今。

从工程类产品进口看,1987—1997 年,中国工程类产品在进口贸易上一直显示为处于分工劣势地位,但这种劣势地位不断得到缓解,到了 1998 年终于转为分工优势,并一直保持至今。

从对外贸易商品实际比较优势看,1987—2004 年,中国工程类产品一直处于比较劣势地位,但劣势局面不断得到改善,到 2005 年逐渐过渡到比较优势地位,2009 年以来,比较优势地位有下降趋势。中国在工程类产品的对外贸易上具有很弱的比较优势,这与廉价劳动力有一定关系,同时也反映了中国产业结构在不断升级(见图 5.8)。

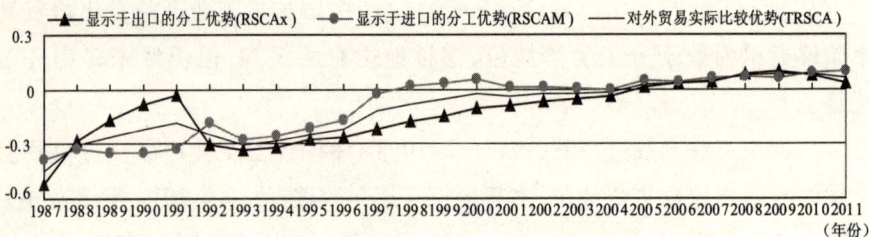

图 5.8　MT3 实际比较优势动态演进

五、高技术产品实际比较优势的动态演进

(1)电子器件及电气产品(HT1)

从电子器件及电气产品出口看,1987—2000 年,中国在电子器件及电气产品的出口贸易上显示为具有分工劣势,但这种劣势局面迅速得到缓解,于 2001 年转为分工优势,并且这种优势地位不断增强(如图 5.9)。

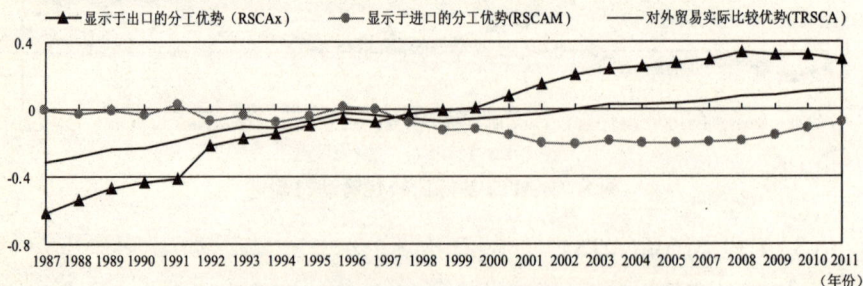

图 5.9　HT1 实际比较优势动态演进

从电子器件及电气产品进口看,除 1991 年和 1996 年外,自 1987 年以来,中国在电子器件及电气产品的进口贸易上显示为具有分工劣势,并且这

种局面一直不见好转。

从对外贸易商品实际比较优势看,1987—2003 年,中国电子器件及电气产品一直处于比较劣势地位,2004 年开始,转变为比较优势地位,并逐年上升。中国在电子器件及电气产品的对外贸易上由不具备比较优势转为具备比较优势,且优势地位不断增强,这是由于中国在高科技产品上主要以加工贸易为主,通过进口电子零部件等中间产品,组装加工后出口电子制成品。可见,这同样得益于中国相对丰裕的劳动力。

(2)其他高科技产品(HT2)

从其他高科技产品出口看,1987—2003 年,中国其他高科技产品在出口贸易上显示为分工劣势,劣势地位不断得到缓解,并于 2004 年转为分工优势,优势地位一直维持至今(见图 5.10)。

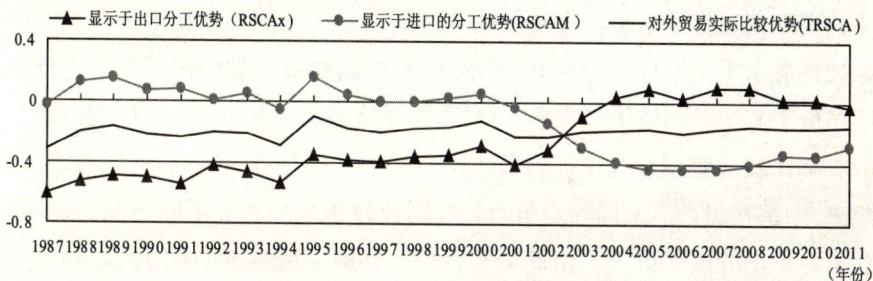

图 5.10　HT2 实际比较优势动态演进

从其他高科技产品的进口看,1987—1993 年,中国其他高科技产品在进口贸易上显示为处于分工优势地位,但优势地位不太明显,1994 年转为分工劣势地位,并于 1995 年重新回到分工优势地位,于 2001 年降回到分工劣势地位,并一直维持到现在。

从对外贸易商品实际比较优势看,中国在其他高科技产品的对外贸易上一直处于比较劣势地位,并且这种局面一直没有得到改善。中国在其他高科技产品的对外贸易上具有很强的比较劣势,这主要是因为中国在以技术为核心竞争力的其他高科技产品上与发达国家的差距仍然很大。

第二节 中国对外贸易政策取向
的动态演进(按产品细分)

本节遵循第四章的研究思路,以 1987—2011 年中国对外贸易商品实际比较优势和中国对外贸易商品国际竞争力为基础,重点测算 1987—2011 中国对外贸易政策取向的走势。

一、初级产品对外贸易政策取向的动态演进

如图 5.11 所示,中国初级产品的国际竞争力在 1987—1994 年间一直高于其实际比较优势水平。1995—1998 年间初级产品的国际竞争力与其实际比较优势水平基本持平。自 1999 年开始,中国初级产品的国际竞争力首次明显低于其实际比较优势水平,并且差距越来越大。2011 年,中国初级产品的实际比较优势指数为 -0.4,而净出口比率已经接近 -0.8。可以看出,25 年来,中国初级产品的国际竞争力和实际比较优势一直在不断下滑,且国际竞争力下滑的幅度更大。由此可见,第一,1987—1994 年,中国针对初级产品的对外贸易政策更多地倾向于鼓励出口,实际国际竞争力已经超出了中国商品的实际比较优势水平。第二,1995—1998 年,中国针对初级产品的对外贸易政策基本顺应中国商品比较优势的状况。第三,自 1999 年以来,中国针对初级产品的对外贸易政策更倾向于鼓励进口。整体来看,这种对外贸易政策与中国保护农业发展,促进贸易结构调整,为工业的发展蓄积原材料的产业发展政策是相一致的。

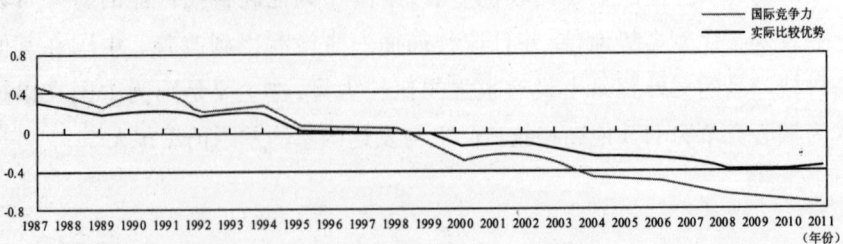

图 5.11 PP 对外贸易政策取向的动态演进

二、资源型制成品对外贸易政策取向的动态演进

（1）农业制成品

如图 5.12 所示，1987 年，中国农业制成品的国际竞争力指数约为 -0.3，实际比较优势指数接近 -0.25，国际竞争力低于其实际比较优势。1987—2004 年，中国农业制成品的国际竞争力始终低于其实际比较优势水平。其中，1992—1998 年，中国农业制成品的国际竞争力与其实际比较优势水平很接近。2005 年，中国农业制成品的国际竞争力首次超过其实际比较优势水平，并一直保持至今。由此可见，第一，2004 年以前，中国在农业制成品的对外贸易政策基本上是顺应其比较优势水平的，略倾向于出口限制。第二，2005 年以来，中国对农业制成品的对外贸易政策更多地倾向于出口促进。整体来看，中国针对农业制成品的对外贸易政策与中国发展现代农业和进一步增加农民收入的目的是相一致的。

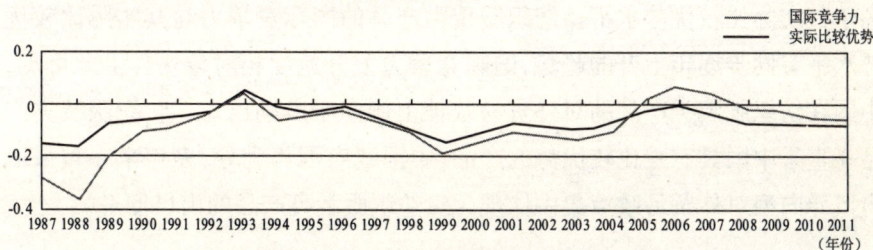

图 5.12　RB1 对外贸易政策取向的动态演进

（2）其他资源型制成品

如图 5.13 所示，1987—1989 年，中国其他资源型制成品的国际竞争力低于其实际比较优势水平，1990 年，其他资源型制成品的国际竞争力超过其实际比较优势水平，到了 1991 年，二者基本持平。1992—1996 年，其他资源型制成品的国际竞争力一直低于其实际比较优势水平，此后的几年二者关系又发生了变化。1999—2011 年，中国其他资源类制成品的国际竞争力始终低于其实际比较优势水平。从 1996 年起，两个指标都呈现出同步下降的趋势。由此可见，第一，1999 年以前，中国其他资源类制成品的国际竞争力与其实际比较优势水平呈现出此消彼长的态势，相互关系不稳定，反映出这段时期的对外贸易政策的不稳定性。第二，自 1999 年以来，中国针对其他资源类制成品的对外贸易政策体现出一种稳定性，即更倾向于进口促进。整体来看,这与20世纪以来中国加大对资源类制成品的进口政策是非常吻合的。

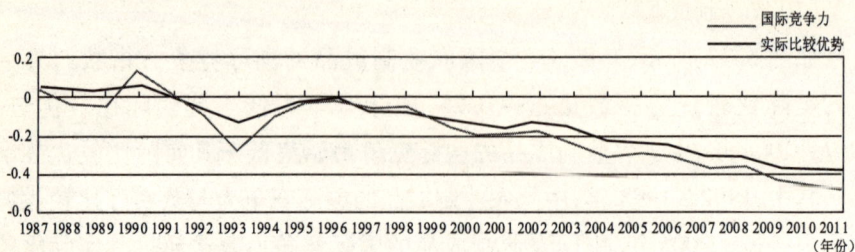

图5.13　RB2 对外贸易政策取向的动态演进

三、低技术产品对外贸易政策取向的动态演进

（1）纺织服装类产品

如图5.14所示,1987—2011年中国纺织服装类产品的国际竞争力一直高于其实际比较优势水平。纺织服装类产品的国际竞争力与其实际比较优势水平有同步逐年上升的趋势,国际竞争力上升速度相对较快。由此可见,中国在纺织服装类产品的对外贸易政策上倾向于鼓励出口。纺织服装类产品一直是中国具有强比较优势的产品,中国政府因势利导,多年来一直采取出口导向型对外贸易政策集中体现为对纺织服装类产品的出口促进。

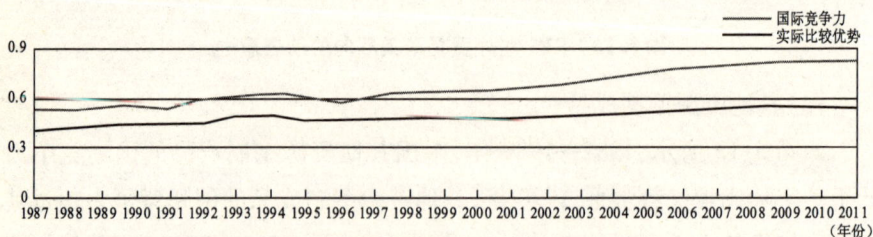

图5.14　LT1 对外贸易政策取向的动态演进

（2）其他低技术产品

如图5.15所示,1987—1989年中国其他低技术产品的国际竞争力低于其实际比较优势水平,1990年,其他低技术产品的国际竞争力首次超过其实际比较优势水平,这种局面一直维持到现在。其他低技术产品的国际竞争力表现为与其实际比较优势同步上升的趋势。由此可见,中国从20世纪90年代开始在其他低技术产品的对外贸易政策上明显地倾向于出口促进。中国

在低技术产品的对外贸易上表现出了超强的竞争力,不仅体现在中国的廉价劳动力优势上,也体现在中国多年来对低技术产品实施的出口促进政策上。

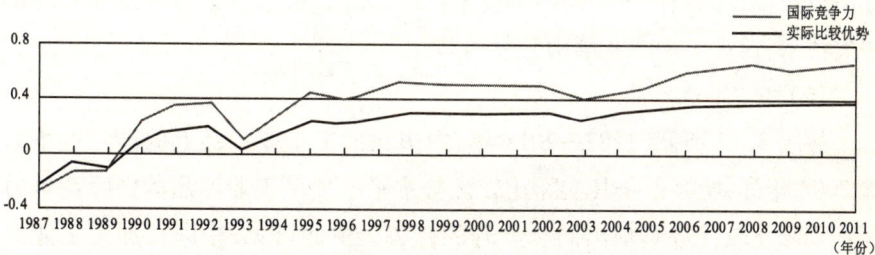

图 5. 15　LT2 对外贸易政策取向的动态演进

四、中等技术产品对外贸易政策取向的动态演进
(1)自动化产品

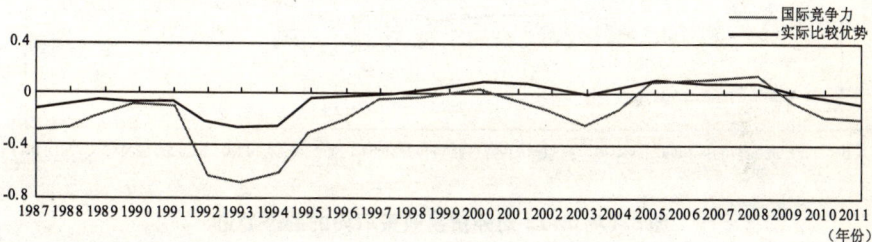

图 5. 16　MT1 对外贸易政策取向的动态演进

　　如图 5. 16 所示,1987 年,中国自动化产品的国际竞争力明显低于其实际比较优势,1990 和 1991 年,这种局面有所改善。1992 年,自动化产品的国际竞争力突然大幅下降,与实际比较优势的差距拉大,直到 1997 年,这种局面有所改善,自动化产品的国际竞争力有所提高,但仍稍低于其实际比较优势。2003 年,二者差距继续拉大,2005 年以后逐渐好转。2007—2008 年,自动化产品的国际竞争力一度超过其实际比较优势,但自 2009 年以后,国际竞争力再次低于其实际比较优势水平。总体来看,1987—2008 年,中国自动化产品的国际竞争力与其实际比较优势有缓慢同步上升的趋势,2009 年之后两个指标同时下降。由此可见,中国在自动化产品对外贸易上的政策干预程度不是很高,整体表现为一定程度上的的进口鼓励。这主要是因为,中国

生产的自动化产品如汽车主要靠大量汽车零部件的进口做支撑,中国对自动化产品的自主研发能力还很弱。因此,需要进口大量零部件进行组装后复出口或销往国内市场。对中等技术产品的进口鼓励政策有利于学习外国先进技术,促进中国产业结构升级。

(2)加工工业产品

如图 5.17 所示,1987—2011 年,中国在加工工业产品上的国际竞争力除 2008 年外,始终低于其实际比较优势水平。加工工业产品的国际竞争力与其实际比较优势呈现出同步上升的趋势。由此可见,中国在加工工业产品上的对外贸易政策倾向于鼓励进口。由于加工工业产品在中国尚不具备比较优势,加工工业产品多数属于具有原材料性质的中间产品,通过大量进口此类产品,有助于提升中国最终产品的技术含量,实现产业结构升级。

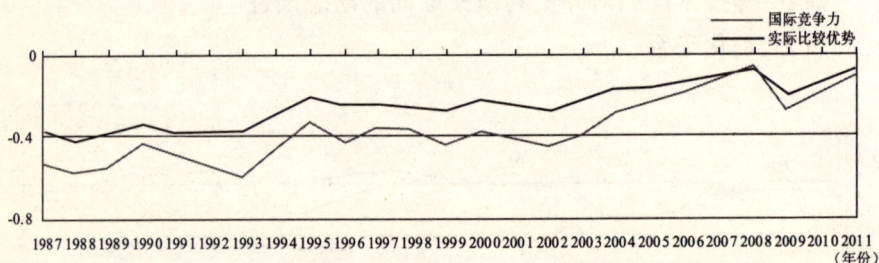

图 5.17　MT2 对外贸易政策取向的动态演进

(3)工程类产品

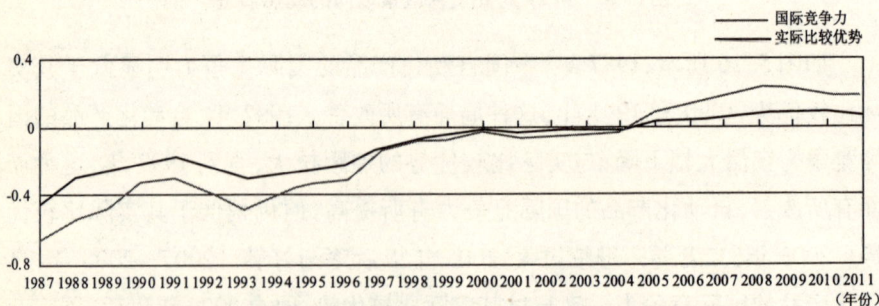

图 5.18　MT3 对外贸易政策取向的动态演进

如图 5.18 所示,1987—2004 年,中国工程类产品的国际竞争力一直低于其实际比较优势水平,但二者的差距不断缩小。2005 年中国工程类产品的国际竞争力首次高于其实际比较优势水平,并一直维持到现在。总体来看,工程类产品的国际竞争力与其实际比较优势水平存在同步上升的趋势。由此可见,中国在工程类产品的对外贸易政策上在 2005 年之前更倾向于进口鼓励,在 2005 年之后更倾向于出口促进。尽管中国工程类产品在进出口贸易中的比重不大,但是自 2005 年后出口促进的政策干预强度较大。

五、高技术产品对外贸易政策取向的动态演进

（1）电子器件及电气产品

如图 5.19 所示,1987—1995 年,中国在电子器件及电气产品的国际竞争力低于其实际比较优势水平,且这种差距在不断减小。1996 年,中国电子器件及电气产品的国际竞争力首次高于其实际比较优势水平,并一直保持到 2011 年。整体来看,中国电子器件及电气产品的国际竞争力与实际比较优势大体呈现出同步提升的趋势,国际竞争力提升的速度更快。由此可见,中国对电子器件及电气产品的对外贸易政策上更倾向于出口促进。需要指出的是,中国在高科技产品上比较优势的提高源于占中国半壁江山的加工贸易。通过鼓励对高科技电子零部件的进口以及促进其将组装好的高科技产品出口到国外的政策干预,中国成功地获得了电子类高科技产品的些微比较优势和较强的出口竞争力。

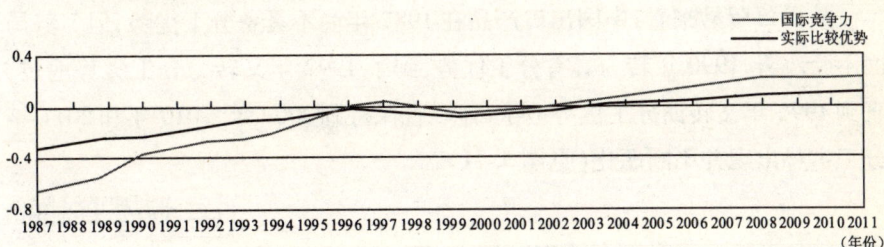

图 5.19　HT1 对外贸易政策取向的动态演进

（2）其他高科技产品

如图 5.20 所示,1987—2011 年,中国在其他高科技产品的国际竞争力始终低于其实际比较优势水平。1995—2000 年,二者的差距很小,2001 年突然拉大,一直持续到 2011 年。总体来看,中国其他高科技产品的国际竞争力和其实际比较优势水平并没有提升的趋势,两者的差距也没有缩小的趋势。由此可见,中国在其他高科技产品的对外贸易政策上明显地倾向于进口鼓励。

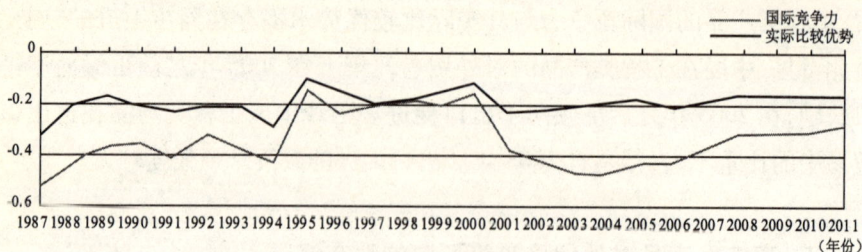

图 5.20　HT2 对外贸易政策取向的动态演进

第三节　中国对外贸易政策总体取向的
动态演进(按整体加权)

本节旨在测算将显现于中国对外贸易商品的实际比较优势状况与国际竞争力按年汇总加权平均,从整体上观测中国对外贸易政策总体取向的动态演进状况。

一、中国对外贸易商品整体比较优势的动态演进

从出口贸易来看,中国出口产品在 1987 年尚不具备分工优势,但劣势局面不断改善,1990 年转为具有分工优势,到了 1992 年又转为分工劣势地位,直到 1996 年又转回分工优势地位,并一直保持到 2009 年,2010 年和 2011 年分工劣势出现并不断恶化(见图 5.21)。

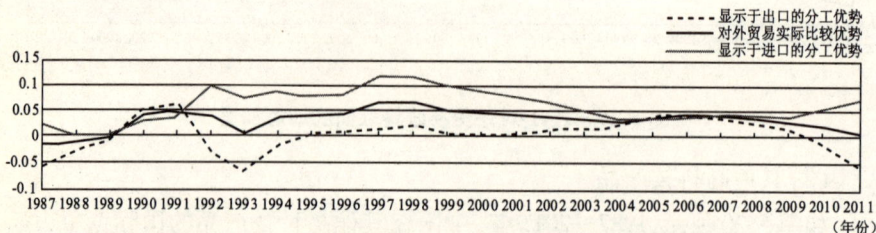

图 5.21　对外贸易商品整体比较优势的动态演进

从进口贸易来看,中国进口产品从 1987 年开始一直保持着分工优势局面,1997 年以后优势局面有所下降,2008 年后又有所上升。

整体来看,1987—1989 年,中国对外贸易商品在对外贸易上不具有比较

优势,1990 年开始转为具有比较优势,但比较优势不断下降,至 1993 年达到最低,1994 年起比较优势水平又开始逐年上升,至 1998 年达到最高,此后又开始下降,2004 年显现出上升趋势,2008 年全球金融危机后比较优势地位再次下降。整体上讲,自 1989 年以来中国对外贸易商品体现出较为稳定的比较优势。

二、中国对外贸易商品整体国际竞争力的动态演进

如图 5.22 所示,整体来看,1978—1989 年,中国对外贸易商品尚不具备国际竞争力,1990 年转为初具国际竞争力,此后竞争力不断下降,至 1993 年又下降至不具备国际竞争力,1994 年开始又恢复了国际竞争力,此后便始终表现为具有国际竞争力,但竞争力水平时升时降。

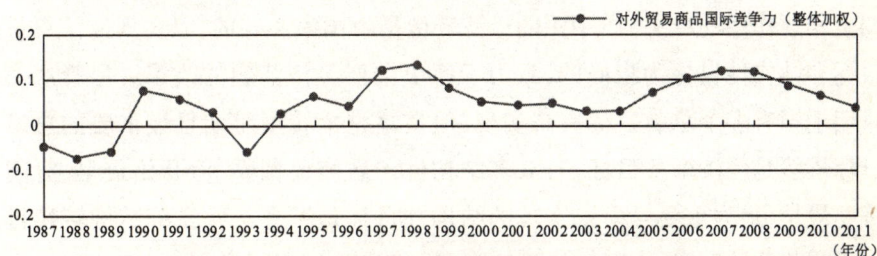

图 5.22　对外贸易商品整体国际竞争力的动态演进

三、中国对外贸易政策总体取向的动态演进汇总

如图 5.23 所示,1987—1989 年,中国对外贸易商品的国际竞争力低于其实际比较优势水平,1990 年和 1991 年,国际竞争力高于其实际比较优势水平,1992—1994 年出口竞争力又低于其实际比较优势水平。自 1995 年以来,中国对外贸易商品的国际竞争力一直高于其实际比较优势水平。这反映了 1995 年以来中国实行的对外贸易政策倾向于以出口导向为主,只是强度有所不同。

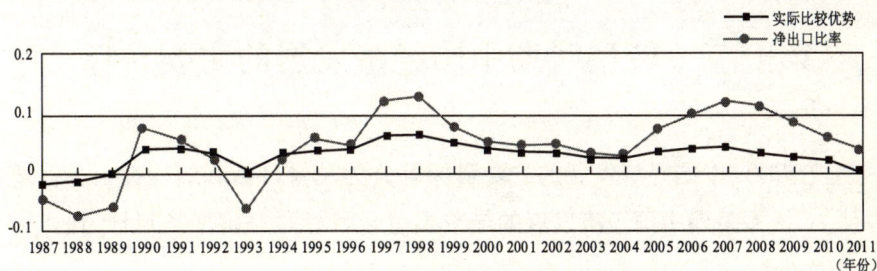

图 5.23　对外贸易政策总体取向的动态演进

第六章 转型时期中国对外贸易政策相关因素分析

现代经济发展的历史表明,一国的经济发展,在经济总量增长的同时,必然伴随着经济结构的演变。可以说,一国经济发展就是经济总量与结构调整相互作用的结果。[①] 中国的经济转型是由国家主导的,以实现经济总量目标和结构性目标为指向的,致力于解决主要经济问题的改革。尽管这一时期中国有多个总量目标有待实现,但贯穿整个转型时期且最重要的总量目标依然是经济增长目标;有众多结构性矛盾需要调整,但开始最早、时间跨度最长、最为重要且尚未实现的结构性目标是城乡二元经济结构转换目标。改革开放以来,中国经济迅速发展,经济总量不断攀高,经济结构持续改善,但伴随着经济腾飞,经济体内部也不断出现一些难以解决的问题,其中最为突出的问题是长期的国内消费需求不足,近年来中国政府试图采取各种经济手段以提高国内消费需求。

中国对外贸易政策作为转型时期中国经济政策的重要组成部分,其制定和实施必定要以转型时期中国经济发展的主要目标为中心,致力于解决中国经济发展的主要问题。

第一节 转型时期中国经济发展的主要目标

转型时期中国经济发展的主要目标可分为总量目标和结构性目标。笔者认为,转型时期中国经济发展的最重要总量目标是经济增长目标,最主要

[①] 张桂文. 中国二元经济结构转换的政治经济学分析[M]. 经济科学出版社,2011.

结构性目标是城乡二元经济结构转换,这既反映各国发展经济发展的普遍规律,又反映了中国作为发展中国家,进行经济体制改革的特殊任务。笔者将在本章对上述论断进行详细论证。

一、转型时期中国经济发展的总量目标——经济增长

(1)转型时期中国经济增长目标的演进

当今世界,不论对于发达国家还是发展中国家,经济增长仍然是衡量一国经济发展的最重要指标。[①] 三十多年来,中国改革开放取得的举世瞩目的成绩完全可以从经济增长的数据中看出,经济增长也是转型时期中国经济发展最主要的总量目标。

改革开放以前,由于在生产关系的变革中长期存在与现实生产力发展水平相脱离的状态,盲目地"求高""求快"的赶超战略使中国国民经济偏离建国初期以重工业发展为核心的战略,一度陷入崩溃的边缘。1978 年党的十一届三中全会打破了僵化的计划经济体制,引进了市场机制,解放了生产力,开启了中国经济体制改革模式的探索。改革开放以来,中国经济发展战略处处体现了促进国民经济增长的发展目标,与此同时,经济增长的内涵也在不断丰富和发展。

1982 年党的十二大提出到 20 世纪末,在提高经济效益的前提下,实现工农业年生产总值翻两番的具体发展战略。1987 年党的十三大确立了"三步走"发展战略,第一步,实现国民生产总值比 1980 年翻一番,解决人民温饱问题;第二步,到本世纪(20 世纪)末,国民生产总值再翻一番,人民生活达到小康水平;第三步,到下世纪(21 世纪)中叶,人均国民生产总值达到中等发达国家水平,人民生活比较富裕,基本实现现代化。1992 年党的十四大提出国民经济的发展速度在提高质量、优化结构和增进效益的基础上由原定的国民生产总值年增长 6% 的目标提升到 8% 或 9% 的设想。1997 年党的十五大报告中指出要积极推进经济体制和经济增长方式的根本转变,摒弃传统的粗放型经济增长模式,把提高质量和效益、促进经济良性循环等新内涵

---

① Cline,William R.."Macroeconomic Influence on Trade Policy". *The American Economic Review*, 1989(5).

赋予"经济增长"目标。2002 年党的十六大报告中提出以优化结构和提高效益为基础,实现国内生产总值到 2020 年比 2000 年翻两番的新目标,提出要依靠科技进步和提高劳动者素质以改善经济增长的效益和质量。2007 年党的十七大报告中提出加快转变经济发展方式,促进经济增长由主要以投资、出口拉动转向依靠消费、投资、出口协调拉动,实现国民经济又好又快发展策略。2012 年党的十八大报告中提出在发展平衡性、协调性、可持续性明显增强基础上,实现国内生产总值与城乡居民人均收入比 2010 年翻一番,提出加快完善社会主义市场经济体制和加快转变经济发展方式的目标(见表6.1)。

表6.1 党的十二大至十八大报告中经济增长与经济发展目标

	经济增长与经济发展目标
十二大报告	在提高经济效益的前提下,实现工农业年生产总值翻两番。
十三大报告	"三步走"经济发展战略。
十四大报告	国民生产总值由年增长 6% 的目标提升到 8% 或 9%。
十五大报告	积极推进经济体制和经济增长方式的根本转变,提高质量和效益、促进经济良性循环。
十六大报告	以优化结构和提高效益为基础,实现国内生产总值到 2020 年比 2000 年翻两番。
十七大报告	加快转变经济发展方式,促进经济增长由主要以投资、出口拉动转向依靠消费、投资、出口协调拉动,实现国民经济又好又快发展。
十八大报告	在发展平衡性、协调性、可持续性明显增强基础上,实现国内生产总值与城乡居民人均收入比 2010 年翻一番。

资料来源:党的十二大至十八大报告经济增长与经济发展目标部分整理。

中国的经济体制转型具体分为两个阶段。第一个阶段是放弃计划经济体制,全面推进渐进式的自由化、市场化改革;第二阶段是针对向市场经济体制转型过程中出现的通货膨胀、经济波动、失业、腐败等问题,推进以经济稳定增长为目标的改革。① 渐进式的改革不同于前苏联和其他东欧国家激进式的"休克疗法",尽管在经济转型的过程中宏观经济也会遭遇通货膨胀、失业率上升等经济波动,但受影响程度要低得多。事实证明,实行"休克疗

---

① 洪银兴等. 经济转型和转型经济理论研究[J]. 学术月刊,2004(6).

法"的东欧国家在转型时期普遍出现高通货膨胀和低经济增长的状况,甚至经济多年处于负增长,而中国的渐进式改革使中国在转型时期保持了经济持续快速增长,通货膨胀率也低得多。可见,具有中国特色的渐进式改革具有明显的拉动经济增长的效应。鉴于一些转型国家先后出现的经济停滞、衰退和通货膨胀等状况,中国政府将实现经济稳定增长作为转型时期中国经济发展的最重要的长期目标。

　　中国的经济体制转型有利于促进经济的持续增长。在中国政府经济发展战略的指引下,转型时期中国经济出现了平稳、快速的增长。改革开放以前,1953—1978年中国年均经济增长率为6.1%;改革开放以后,1978—2012年中国年均经济增长率升至9.8%。三十几年间中国的国内生产总值由1978年的3645亿元上升至2011年的47.3万亿元(见表6.2),经济总量上升至世界第二位。渐进式的转型较好地协调了增长与稳定的关系,虽然整体经济发展也呈现出周期性波动,但并未出现大幅震荡,同时也保持了总体较低的物价水平。经济增长出现了两次波峰和三次波谷,两次波峰分别出现在1984和1992年,GDP增长率分别达15.2%和14.2%;三次波谷分别出现在1981年、1989年和1990年,GDP增长率分别为5.2%、4.1%和3.8%(如图6.1)。在此期间,中国经济整体上一直在高增长的轨道上运行,呈现出典型的指数化增长态势。经济增长的主要推动力体现了明显的阶段性特征。第一阶段的经济增长得益于农村经济体制改革(1978—1983),农村经济的发展带动了整个经济增长;第二个阶段的经济增长得益于所有制结构调整(1984—1991),乡镇企业和轻工业获得快速发展;第三个阶段的经济增长得益于国际化发展导向(1992—2001),国际化使外资带动制造业的大发展,扩大了出口,工业化成为拉动经济增长的主要推动力;第四个阶段的经济增长得益于城市化发展导向(2002—今),城市化逐渐发展为经济增长的主导力量,与工业化共同推动了中国经济的高速增长。[1]

---

[1]　张平.改革开放30年中国经济增长与结构变革[J].现代经济探讨,2008(7).

表6.2　1978－2011年国内生产总值(GDP)

年　份	GDP(亿元)	人均GDP(元)
1978	3645.22	381.23
1979	4062.58	419.25
1980	4545.62	463.25
1981	4891.56	492.16
1982	5323.35	527.78
1983	5962.65	582.68
1984	7208.05	695.20
1985	9016.04	857.82
1986	10275.18	963.19
1987	12058.62	1112.38
1988	15042.82	1365.51
1989	16992.32	1519.00
1990	18667.82	1644.00
1991	21781.50	1892.76
1992	26923.48	2311.09
1993	35333.92	2998.36
1994	48197.86	4044.00
1995	60793.73	5045.73
1996	71176.59	5845.89
1997	78973.03	6420.18
1998	84402.28	6796.03
1999	89677.05	7158.50
2000	99214.55	7857.68
2001	109655.17	8621.71
2002	120332.69	9398.05
2003	135822.76	10541.97
2004	159878.34	12335.58
2005	184937.37	14185.36
2006	216314.43	16499.70
2007	265810.31	20169.46
2008	314045.43	23707.71
2009	340902.81	25607.53
2010	401512.80	30015.05
2011	472881.56	35181.24

数据来源:中国统计年鉴2012,本表按当年价值计算,保留两位小数。

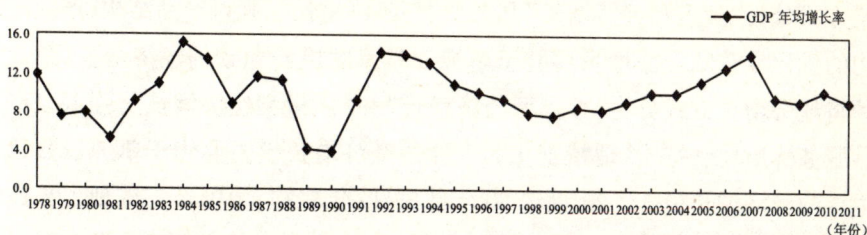

图 6.1　1978－2011 年中国 GDP 年均增长率

注:数据来源为联合国统计署网站数据库,以 2005 年 GDP 为基期,单位为人民币。

（2）转型时期中国经济增长理论的发展

西方经济增长理论最早可追溯到威廉·配第关于"土地是财富之母,劳动是财富之父"的论断,劳动被看作经济增长的首要推动力。亚当·斯密认为生产性劳动者人数的增加,以及劳动者间的社会分工是国民财富增加的主要源泉。[①] 在随后三百多年的发展进程中,西方经济增长理论不断完善,主要有"资本决定论""技术决定论"和"人力资本决定论",经历了由外生增长到内生增长的演进之路。[②]

转型时期中国对经济增长问题的理论研究是伴随着经济体制转型的实践而不断发展和完善的。渐进式的转型之路决定了中国经济增长理论具有阶段性特点,依据不同阶段的发展特点,主要理论脉络分为"速度理论""增长方式理论"和"周期与波动理论"。始于 1978 年十一届三中全会召开之前刊登在《经济研究》上的一篇题为《经济科学要为高速度发展国民经济服务》的评论员文章。[③] 文章指出,高速发展中国国民经济是当下的首要任务,由此掀开了"高速度"发展经济战略的讨论。这种强调"高速度"的经济发展战略在改革开放之初对于恢复"文化大革命"遭到严重破坏的国民经济起到了重要作用。进入 20 世纪 80 年代,随着改革的推进,理论界认识到单纯强调数量增长和外延式的粗放型经济发展战略的弊端,对经济增长的研究从单纯重视"速度"向重视"经济效益"转变,从"外延式"经济增长路径向"内涵式"经济增长路径过渡。当时对经济增长方式有两种认识,第一种将经济增

---

① 董正平. 西方经济增长理论的演变及其借鉴意义[J]. 北京社会科学,1998(3).

② 毛健. 经济增长理论的基本脉络分析[J]. 当代经济研究,2003(1).

③ 罗润东. 改革开放后中国经济增长与发展理论的演进轨迹[J]. 南开学报,2004(2).

长方式分为"速度型经济增长"和"结构型经济增长",强调产品结构、产业结构的优化导致的经济增长要胜于单纯依靠速度提升导致的经济增长;第二种将经济增长方式分为"数量型经济增长"和"质量型经济增长",强调以产品服务优质化、生产管理精密化为主导的经济增长模式要优于单纯以数量主导的经济增长模式。20世纪80年代末90年代初,中国经济出现了高速增长后的下滑,经济出现震荡,理论界针对这一现象开始对转型时期中国经济增长的波动性和周期性进行深入研究。研究结果一致认为,经济增长的周期性波动是经济发展的普遍规律,在社会主义国家同样存在,在经济发展的各个时期都会出现,不以社会经济制度的转变而改变。这一时期的经济增长理论更多地关注于对转型时期中国经济周期的变化规律进行研究,成果丰硕,在研究方法上不仅仅局限于理论研究,也加入了更多的实证研究。

综上所述,转型时期中国经济的发展不论在实践层面还是理论层面都将经济增长作为发展和研究的主要目标。

二、转型时期中国经济发展的结构性目标——城乡二元经济结构转换

(1)转型时期中国城乡二元经济转换目标的演进

发展中国家在发展经济的过程中普遍受到本国传统的、落后的二元经济结构的桎梏,因此,转换二元经济结构必然成为发展中国家经济体制改革和经济发展的最重要的结构性目标。

二元经济结构指的是在一国的国民经济结构中,城市的现代工业部门与农村的传统农业部门并存的状况。纵观世界各国经济发展的历史可以发现,实现一国经济发展必然要经历从落后的农业社会向先进的工业社会过渡的过程,即实现工业化。实现由二元经济结构向一元经济结构的转换是实现工业化的必经之路。迄今为止,只有发达国家和新兴工业化国家完成了二元经济结构转换,实现了工业化,而广大发展中国家仍然处于二元经济结构调整和转换的阶段。

①中国二元经济结构的形成

中国的二元经济结构形成于新中国成立初期。受苏联经济发展模式的影响,中国政府从1953年第一个五年计划开始选择了优先发展重工业的工

业化发展战略,同时也走上了城乡二元经济发展的道路。中国20世纪50年代的工业化发展战略基本上是以争取工业产出为目标的。为支持重工业的发展,保障城市生产和生活对农产品的需求,从1953年起政府实行农产品统购统销制度。为保证农村中有足够的劳动力生产农产品,防止农村劳动力向城市迁移,1958年政府又确立了户籍管理制度,这个制度一直延续至今,是城乡二元结构转换的最大障碍。可以说,20世纪50年代至改革开放以前这段时期,在农业还很落后,农业生产率极低的背景下,中国重工业的高速发展基本上是以城市为依托,以牺牲农业为代价换来的,这种通过工农业产品的不等价交换,以农业补给工业的方式极大地挫伤了农民的生产积极性,导致农业生产率增长极为缓慢。① 到1978年年底,中国农业的落后面貌依然没有改变,全国农村仍有2.5亿人没有实现温饱。②

②二元经济结构转换初期

事实证明,20世纪50年代至改革开放之前中国在二元经济体制下的重工业优先发展战略并没有使中国走向全面工业化道路,长期向城市工业发展倾斜的政策使中国当时人口占绝大多数的农民根本享受不到工业发展的经济剩余,城乡居民收入差距越来越大,城乡发展矛盾越来越突出,二元经济体制下的经济发展模式已无路可走。在上述背景下,1978年,党的十一届三中全会开启了以农业生产经营管理体制为突破口的社会主义市场经济体制改革。农业生产经营体制的变革实质上是对城乡二元经济体制的重大突破,构成二元经济体制转换的第一步。从1983年起,中国针对农村亿万人民普遍推行了以家庭联产承包责任制为主要形式的农村生产经营体制变革,将集体所有的土地承包给农户,各农户在完成交给国家的粮食任务、交给集体的公共提留以及上缴农业税后,剩余部分全部归农户自己所有,这极大地激发了广大农民的生产积极性,农业生产迅速发展,全国粮食产量于1984年达到4037万吨,创下历史最高纪录。农村生产经营体制改革极大地提高了农业的劳动生产率,同时也释放了大量农业剩余劳动力。政府又相继采取优先发展农业关联产业,搞活社队工业,提高对乡镇企业贷款等制度安排吸

---

① 李克强.论中国经济的三元结构[J].中国社会科学,1991(3).
② 刘江.21世纪初中国农业发展战略[M].中国农业出版社,2000.

收了农业剩余劳动力,进一步提高了农业生产率,促进了农民增收,保证了农村社会经济的繁荣和稳定。中国经济体制改革在 1978—1984 年这个阶段的主要特征是以农村经济体制改革为核心,重在搞活农村经济,这一时期的改革使城乡居民收入差距不断缩小,农业剩余劳动力开始向乡镇转移,二元经济结构开始松动。

1985—2001 年中国经济体制改革的重心开始由农村转向城市,开启了以企业改革为核心的城市经济体制改革。这一时期的城市经济体制改革主要包括财税体制改革、金融体制改革、土地制度改革、企业事业单位和政府机关工资制度改革、社保制度改革等内容。这些城市经济体制改革措施推进了中国经济的市场化进程,但并未对二元经济结构转换起到实质性的推动作用,这一阶段的劳动就业体制仍带有城乡二元性质。这一时期的农村经济体制改革也在继续,主要内容包括继续深化农产品统购统销制度的改革、延长农民土地承包期和户籍制度改革。其中,2001 年开始推行的以两万多个小城镇为重点的户籍制度改革使中国城乡二元经济结构转换进入发展阶段。①

③二元经济结构转换发展期

1985 年开始的以城市发展为重心的经济体制改革使城乡居民收入差距又开始扩大,到 2001 年城乡居民收入比扩大到 2.9∶1。这一时期,农业的可持续发展面临的资源和市场约束越来越严重,农村经济发展面临严重挑战,农民收入水平偏低等问题构成了制约中国经济发展的"三农"问题。2002 年,中国政府对"三农"问题给予了高度重视,在党的十六大报告中提出全面繁荣农村经济、加快城镇化进程的目标。报告中指出,统筹城乡经济发展,建设现代农业,发展农村经济与增加农民收入是全面建设小康社会的重大任务,实现农业剩余劳动力向非农产业和城镇转移是工业化发展的必然趋势。② 从 2002 年起,中国的经济体制改革从最初的分别经历以农村为中心和以城市为中心的二元经济转换初期过渡到以城乡统筹发展为中心的二元经济转换发展期。这一时期的主要改革内容又进一步深化农村土地制度

---

① 张桂文. 中国二元经济结构转换的政治经济学分析[M]. 经济科学出版社,2011.
② 引自中共十六大报告. 全面建设小康社会,开创中国特色社会主义事业新局面,2002.

改革,分步实施农村税费制度改革,启动和深化农村金融体制改革,推进户籍制度改革等几个方面。虽然到目前为止,中国的二元经济结构转换还未完成,但可以说,自 2002 年以来中国的经济体制改革已经触及城乡二元经济体制改革的深层矛盾,对城乡财政体制、金融体制、就业制度和社保制度的改革已经全面展开,二元经济转换的成果已惠及广大农村地区。

(2)转型时期农业剩余劳动力转移的演进过程

二元经济理论认为,城乡二元经济结构转换的核心问题是农业剩余劳动力的转移问题,城乡二元经济结构转换的过程是农业剩余劳动力向城市非农产业转移的过程。中国的农业剩余劳动力转移是伴随着中国市场经济体制改革的推进而开展并扩大的。伴随着中国市场经济体制改革的不断深化,城乡二元经济结构转换速度加快,农业剩余劳动力析出的人数不断增多,农业就业人口占比总体上出现不断下降趋势,并呈现出与经济体制改革同步的阶段性特征(见图 6.2)。

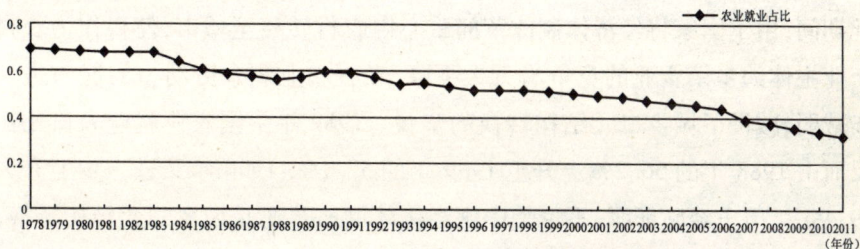

图 6.2 1978－2011 年中国农业就业人口占比
数据来源:中国统计年鉴 2012 相关数据整理得出。

①第一阶段(1978—1983)

1978 年,家庭联产承包责任制的确立,开启了农村经济体制改革的序幕,使农民获得了真正的自主经营权和剩余索取权,极大地调动了农民的生产积极性,农业劳动生产率得到极大提高,释放出大量的农业剩余劳动力。在这一时期,面对农业剩余劳动力的压力和现实的发展状况,政府对农村劳动力进城务工的态度依然有所保留。1981 年,国务院下发《关于严格控制农村劳动力进城务工和农业人口转为非农业人口的通知》,严格控制企业在农村招工,仅放宽了与农村关联产业、社队工业行业的进入标准。因此,这一时期中国农业就业人口比例从 69.3% 降至 67.7%,降幅不大。

②第二阶段（1984—1988）

1984年，中国粮食大丰收，农民增收，农业剩余劳动力析出人数进一步增多，与此同时，国家提出了"离土不离乡，进厂不进城"的呼吁，进一步出台了搞活社队工业的具体安排，取消对乡镇企业的各种限制，增加乡镇企业吸收农业剩余劳动力的能力，农业就业人口比例大幅下降。1984—1988年，乡镇企业成为吸收农业剩余劳动力的主力，乡镇企业的从业人员由5028万人增加至9546万人，农业就业人口比例由63.8%迅速降至56.2%。

③第三阶段（1989—1990）

中国渐进式的经济体制改革在1988年之前一直处于比较平稳的发展状态，1988年中旬政府尝试实施价格改革方案，取消双轨制价格，结果出现物价飞涨、全民挤兑的局面。为应对严峻的通货膨胀状况，政府紧急出台了经济紧缩政策，这直接影响到乡镇企业的发展。乡镇企业失去了资金的支持，一度陷入发展停滞局面，大大减低了吸收农业剩余劳动力的能力。另外，在此期间，由于国家将经济体制改革的重心由农村转移至城市，使得作为农村工业主体的乡镇企业的竞争力大大下降，吸收农业剩余劳动力的能力进一步减弱，减慢了城乡二元结构转换的步伐。1989年中国农业就业人口比例反而由1988年的56.2%上升至1989年的57.1%，1990年又进一步上升为59.4%。历史经验证明，不论是中国经济体制改革还是城乡二元结构转换，都必须采取渐进式的改革模式，否则只会造成改革的倒退。

④第四阶段（1991—2000）

从20世纪90年代初期开始，中国的经济体制改革重新回到渐进式的发展模式中，农业剩余劳动力继续稳步释放。随着城市工业的发展和政府对城市企业用工制度的松动，农业剩余劳动力的去向也由90年代之前的以就地转移为主过渡到90年代之后的非永久性乡城迁移为主，具有中国特色的民工潮蓬勃发展起来。农业就业人口比例由1991年的58.7%稳步降至2000年的50.1%。

⑤第五阶段（2001—2011）

2001年中国入世后，强劲的外部需求带动了出口贸易的飞速增长，创造了中国经济新的增长点。东部发达地区发展外向型经济，对劳动力的需求暴增，吸引了大量农民工，农业剩余劳动力离乡务工人数增幅逐年扩大。另外,从 2002 年起,政府实行统筹城乡发展的战略,加大对"三农"的投入,改革城乡二元户籍与社会保障制度,保障农民工的合法权益,降低农村劳动力进入城市务工的流动成本,进一步促进了农业剩余劳动力的城乡转移。2001—2011 年间,农业就业人口比例逐年下降,由 49.3% 下降至 31.9%。

(3)转型时期中国城乡二元经济结构转换理论的发展

①国外二元经济结构理论的发展

第二次世界大战后,取得政治独立的发展中国家陆续走上谋求本国经济发展的工业化道路。与发达国家不同的是,发展中国家的工业化并不是产业自然发展的结果,而是殖民输入式或本国政府高度介入式的工业化。在农业基础还非常薄弱的状况下,这种"强行植入"的工业发展战略使大多数发展中国家内部出现了城市现代工业部门与农村传统农业部门长期共存的经济结构,同时还出现了农业剩余劳动力源源不断地向城市工业部门转移的现象。从 20 世纪 50 年代起,这种特殊的二元经济结构和劳动力转移现象得到一些发展经济学家的高度重视,催生了一系列具有发展中国家特色的二元经济结构模型。其中最具代表性的是刘易斯模型、费景汉—拉尼斯模型、乔根森模型和托达罗模型。

1954 年,美国经济学家刘易斯在《劳动力无限供给下的经济发展》一文中阐述了在劳动力无限供给的条件下,二元经济结构向一元经济结构转换的模式。刘易斯认为,发展中国家普遍存在着传统的、劳动生产率极低的、存在大量隐性失业的农业部门和现代的、劳动生产率、工资水平较高的工业部门。在农村劳动力无限供给和工农业部门存在工资差距的条件下,工业部门的发展和扩张必然会吸引和吸收大量农业剩余劳动力。随着工业部门将新增利润用于再投资,由资本扩张带来的生产扩张必然会吸引更多的农业剩余劳动力,从而导致农业人口不断向城市转移。与此同时,在农业剩余劳动力向工业转移的过程中,传统农业也在逐渐摆脱剩余劳动力负担的过程中提高了劳动生产率,朝农业现代化方向发展,随着两部门劳动生产率的趋同,二元经济结构逐渐转换为一元经济结构。刘易斯模型首创的二元结构分析方法对发展中国家促进二元经济转换具有重要的参考价值。此模型的不足之处在于:一是忽视了农业在促进工业发展中的作用;二是忽视了农业剩余劳动力转移的前提条件为农业劳动生产率的提高。①

20世纪60年代,美国经济学家费景汉和拉尼斯对刘易斯模型进行了改进,具体分析了二元经济结构转换中农业剩余劳动力向工业转移的三个阶段。第一阶段为农业劳动边际生产率为零的阶段,该阶段农村存在大量显性剩余劳动力,农业剩余劳动力转移不会受到阻碍,粮食总产量也不会因劳动力移出而减少;第二阶段为农业劳动边际生产率大于零但小于不变工资的阶段,这一时期农村显性剩余劳动力已被吸收完毕,但还存在着隐性剩余劳动力,这部分劳动力的移出会导致粮食总产量减少,价格上升;第三阶段为农业劳动边际生产率大于不变工资的阶段,这一阶段农业剩余劳动力已被工业吸收完毕,农业劳动者的工资已不再等于不变工资,而是等于劳动边际生产率,工业部门要吸收更多的农业劳动力就必须使本部门工资水平提高到不低于农业部门的边际生产率。② 费景汉和拉尼斯认为,一旦农业剩余劳动生产力转移进入上述第三个阶段,二元经济结构转换的任务就已实现。费景汉和拉尼斯模型重视二元结构转换中工业和农业的协调发展,强调技术进步在资本积累中的作用,弥补了刘易斯模型的不足。

1961年,美国经济学家乔根森运用新古典分析方法,从农业剩余、人口增长和消费结构变化的角度切入,建立了乔根森二元经济模型。乔根森认为,农业剩余劳动力向工业转移的充分必要条件是存在农业剩余,而农业剩余产生的基本条件是农业产出增长率超过最大人口增长率,农业产出增长的关键则在于技术进步。乔根森指出,农业剩余劳动力向工业转移的根本原因在于消费需求结构的变化。他认为,人们对粮食等农产品的需求是有限的,而对工业品的需求是无限的。当人均粮食产出超出最大人口增长对粮食的需求时,农业部门的发展就会受到限制,农业部门的劳动力就会向需求旺盛的工业部门转移。

1969年,美国经济学家托达罗重点分析了在城市中普遍存在失业的条件下农村劳动力向城市迁移的原因,建立了托达罗人口流动模型。托达罗指出,农村劳动力向城市迁移的动力不仅取决于城乡实际收入差距,更取决

---

① 王萍. 国外农村劳动力乡城转移理论研究[J]. 大连海事大学学报,2007(12).
② 陈谊. 农村剩余劳动力转移理论综述[J]. 重庆科技学院学报,2007(4).

于城乡"预期"收入差距,还会受到城市失业率的影响。托达罗认为,城市高失业率的出现是城乡经济发展不平衡、机会不均等所造成的,因此,要完成二元经济结构的转换,政府必须重视城乡经济的平衡发展,着力改善农业生产条件和农村生活环境,提高农业劳动者的实际工资水平,缩小城乡差距。

20世纪80年代以来的二元经济理论在研究角度和研究范式上发生了变化,进一步吸收并借鉴了凯恩斯主义、新兴古典经济学、新制度经济学的研究方法,出现了包括拉克西特二元经济理论、迈因特二元经济理论、杨小凯新兴古典二元经济转换模型等主要理论,①在某种程度上弥补了传统二元经济理论的不足,为发展中国家的二元经济结构转换进程提供了重要的理论依据。

②中国二元经济理论的发展

中国的二元经济转换是伴随着经济体制改革而进行的,二元经济转换的相关理论也是在改革开放后相继出现的。国内学者对于中国二元经济转换的研究主要是在经济结构形态、农业剩余劳动力转移、制度变迁与二元经济转换的关系、二元经济的政治经济学视角等几个方面开展的。② 以经济结构形态为研究重点的成果主要有陈孝兵的《论中国二元经济结构的转换与消解》、吴伟东的《中国三元结构问题初探》、李克强的《论中国经济的三元结构》;以农业剩余劳动力转移为研究重点的成果主要有蔡昉的《中国的二元经济与劳动力转移——理论与政策》、陈吉元的《中国的农业剩余劳动力转移》;以制度变迁与二元经济转换的关系为研究重点的成果主要有夏耕的《中国城乡二元经济结构转换——要素流动、制度变迁、市场机制与政府作用》、郭少新的《中国二元经济结构转换研究》、高帆的《交易效率、分工演进与二元经济结构转换》;以二元经济转换的新政治经济学角度为研究重点的成果主要有张桂文的《中国二元经济结构转换的政治经济学分析》。这些理论从转型时期中国二元经济理论的发展实际出发,对中国的市场经济体制转型和二元经济转换起到了一定的指导作用。

---

① 张桂文. 中国二元经济结构转换的政治经济学分析[M]. 经济科学出版社,2011.
② 同①.

第二节　转型时期中国经济发展面临的主要问题——国内消费需求不足

从第一节的分析可以看出,中国在社会主义市场经济改革过程中不仅使经济总量不断攀升,更伴随着城乡二元结构的转换。然而,在国民经济总量和国民经济结构双重向好的同时,以国内消费需求不足为主要特征的经济发展失衡问题日益成为制约中国经济可持续发展的最大掣肘。

按照大国经济发展的一般规律,一个良性循环的经济应该主要由消费拉动,消费需求的增长带动投资增加,进而带动生产的扩张和劳动者收入的增加,从而引发下一轮新的消费需求的增长。然而,改革开放以来中国经济的发展则更多的是依靠投资和出口的拉动,而不是消费。

一、转型时期中国国内消费需求不足的表现

纵观改革开放以来中国经济发展的历程,可以看出,改革开放初期,中国国内消费需求比重并不低,然而进入 20 世纪 90 年代后期,尤其是从 21 世纪开始,中国国内消费需求尤其是国内居民消费需求一路走低。具体可从以下三组对比数据看出:第一,国内消费需求增长速度不但落后于国内投资增长速度,而且落后于国内经济增长速度;第二,国内消费对经济增长的贡献率不断下滑;第三,国内储蓄—投资缺口越来越大。

(1)消费增长率落后于经济增长率

如图 6.3 所示,在 1978—2011 年这 34 年中,中国有 23 年处于消费增长率低于经济增长率的状况。1979—1981 年,市场经济体制改革使中国压抑多年的消费需求得以释放,中国消费增长率连续三年高于 GDP 增长率。1979—1981 年消费增速高于 GDP 增速分别为 4.1、2.0 个和 2.7 个百分点。1982 年以来,中国经济出现周期性波动,消费增长起初表现为基本与 GDP 增长同步,但慢慢落后于 GDP 增速。1982—1992 年,消费增长率表现为与 GDP 增长率基本持平的状态。1993—1994 年,由于投资快速增长拉动 GDP 大幅增长,消费增长则大幅落后于 GDP 增长速度,1993 年消费增长率落后

GDP 增长率 6.7 个百分点,1994 年落后 GDP 增长率 2.4 个百分点。1995—2000 年,中国经济进入下行周期,消费与 GDP 增速同时放缓,节奏趋于一致。2001 年中国入世后经济进入提速的快车道时期,消费需求缓慢增长,但增速却大大低于 GDP 增速。2001—2008 年,消费增长率连续八年低于 GDP 增长率。2003 年消费增长率低于 GDP 增长率,达到这一阶段的最大值,为 5.2 个百分点。2008 年全球金融危机后中国经济增速大幅下降,消费增长率也有所下降,但下降的速度低于经济增长率下降的速度,2009 年最终消费需求增长率略高出 GDP 增长率 0.4 个百分点。从 2010 年起,随着中国经济的复苏,消费增长与 GDP 增长同步提升,但消费增速仍慢于 GDP 增速。2010 年消费增速低于 GDP 增速 1.7 个百分点,2011 年消费增速有所提升,但仍低于 GDP 增速 0.04 个百分点。

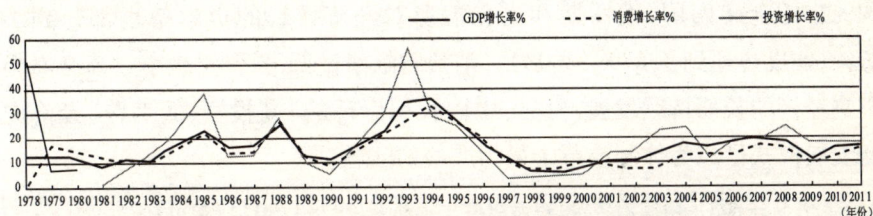

图 6.3 1978 - 2011 中国经济增长率、消费增长率和投资增长率

数据来源:联合国统计署数据库相关数据整理。

国内消费需求不足的问题之所以成为目前中国经济发展的最大问题,是因为它是伴随着国内经济体制改革不断深化,二元经济结构转换不断加快的同时开始出现并不断恶化的。它的出现具有很大的内生性,从某种程度上反映了体制改革本身的缺陷,因此,调整的难度之大可见一斑。

(2)国内消费对经济增长的贡献率不断下滑

转型时期,中国国内消费需求不足的状况还可以通过国内消费对经济增长的贡献率得到反映。根据支出法计算的国内生产总值包括最终消费、固定资本形成、存货增加及货物和服务净出口年度增加值。用国内生产总值的各个组成部分的年度实际增加额占当年 GDP 实际增加额的比重,可以得到总需求各部分对 GDP 的贡献率。表 6.3 反映了改革开放以来,中国消费需求和投资需求对 GDP 的贡献率以及拉动情况。1978 年,消费需求对 GDP 的贡献率为 39.4%,1980 年和 1985 年分别提升到 71.8% 和 85.5%,到了 20 世纪 90 年代这一贡献率一度下降至 45% 左右,可以看出,改革开放之初一直到 90 年代末,消费对 GDP 的贡献率出现不断下降的趋势。2000 年,这一比重又上升至 65.1%,此后又开始一路下降,最低降至 2003 年的 35.8%,2007 年消费贡献率达到 39.6%。2008 年全球金融危机后,在严峻的国内国外环境下,中国政府只能选择以内需拉动经济增长的策略,2009—2011 年,国内消费需求分别达到 49.81%、43.13% 和 55.55%,整体呈现上升的态势。转型时期,中国投资对 GDP 的贡献率则一直高居不下,尤其在 2001 年中国入世后,投资对 GDP 增长的贡献率几乎都超过了消费对 GDP 的贡献率,直到 2011 年,在政府消费主导型经济战略的实施下,消费对 GDP 增长的贡献率终于大幅度超过投资对 GDP 的贡献率。

在发达国家中,消费需求对经济增长的贡献率一般为 80% 左右,发展中国家中的金砖四国,俄罗斯和南非消费对经济增长的贡献率也都达到了 80%,印度也达到了 67%(2008)。消费贡献率过低、投资贡献率过高必然会影响经济的长期持续发展,可见,中国长期出现的"高投资、低消费"经济失衡发展模式已成为体制改革中最为严峻的问题。

表 6.3　中国消费、投资贡献率与拉动率(1978—2011)(单位:%)

年份	消费贡献率	消费拉动	投资贡献率	投资拉动
1978	39.40	4.60	66.00	7.70
1980	71.80	5.60	26.40	2.10
1985	85.50	11.50	80.90	10.90
1990	47.80	1.80	1.80	0.10
1995	44.70	4.90	55.00	6.00
2000	65.10	5.50	22.40	1.90
2001	50.24	4.17	49.86	4.14
2002	43.91	4.00	48.51	4.41
2003	35.79	3.58	63.21	6.32
2004	39.46	3.99	54.50	5.50
2005	38.70	4.37	38.48	4.35
2006	40.35	5.12	43.63	5.54
2007	39.60	5.62	42.46	6.03
2008	44.14	4.24	46.90	4.50

（续表）

年份	消费贡献率	消费拉动	投资贡献率	投资拉动
2009	49.81	4.58	87.60	8.06
2010	43.13	4.49	52.90	5.50
2011	55.55	5.17	48.77	4.54

数据来源：中国国家统计年鉴2012相关数据整理。

（3）国内储蓄—投资缺口越来越大

中国国内消费需求不足问题还表现为国内储蓄 - 投资缺口不断扩大。根据凯恩斯两部门经济国民收入理论，在封闭条件下要实现一国国民经济增长，必须实现总需求 = 总供给。总需求 = 总收入 = 消费 + 投资，即 $Y = C + I$；总供给 = 总产出 = 消费 + 储蓄，即 $Y = C + S$。因此，在封闭经济下实现国民经济增长，需实现：$I = S$。然而在现实经济中，投资和储蓄完全相等的情况已不多见，由投资 - 储蓄不等而形成的国内经济失衡已是常态。若投资大于储蓄，则说明一部分投资得不到国内资源的支撑，经济将会面临通货膨胀的威胁；若投资小于储蓄，则说明一部分投资得不到充分的利用，经济将会面临通货紧缩的威胁。在开放经济中，这种情况可以通过引入国外投资或储蓄的方式予以解决。开放经济条件下，总需求 = 总收入 = 消费 + 投资 + 出口，即 $Y = C + I + X$；总供给 = 总产出 = 消费 + 储蓄 + 进口，即 $Y = C + S + M$。因此可以得到：$I + X = S + M$，即 $S - I = X - M$。可以看出，若一国国内储蓄大于投资，必然出现出口大于进口，形成对外贸易顺差；若一国国内储蓄小于投资，则必然出现出口小于进口，形成对外贸易逆差。一国国内经济失衡的程度可以用储蓄 - 投资缺口衡量，用公式表示为 $SI = (S - I)/GDP$。若该缺口大于零，说明国内储蓄大于投资；若缺口小于零，说明国内储蓄小于投资。

改革开放以来，中国国内经济一直处于失衡发展的状态中。1978—1989年，国内储蓄 - 投资失衡状况还不是很突出，储蓄—投资缺口时正时负，波动并不是很大。1978 年国内储蓄—投资缺口为 - 0.32%，1982 年提高到 1.63%，1986 年降至这一时期的最低水平 - 4.04%。1990—2011 年的 12 年间，除 1993 年一年为负值外，其余 11 年国内储蓄—投资缺口均为正值，出现了长期的以储蓄大于投资为主要趋势的国内经济失衡。1990 年储蓄—投资缺口由 1989 年 - 1.07% 跃升为 1990 年的 2.64%，1997 年又升至 4.35%，

2007 年达到历史最高水平 8.52%。2008 年全球金融危机后国内储蓄—投资缺口稳步下降,但仍处于正值区间。2008—2011 年,这一指数分别为 7.35%、3.63%、3.78%和2.62%(见图 6.4)。

中国国内因储蓄大于投资而出现的储蓄–投资缺口虽直接表现为国内投资未能有效地将国内储蓄完全吸收掉,但更深层的原因则在于中国长期消费需求相对不足的现实。[1]

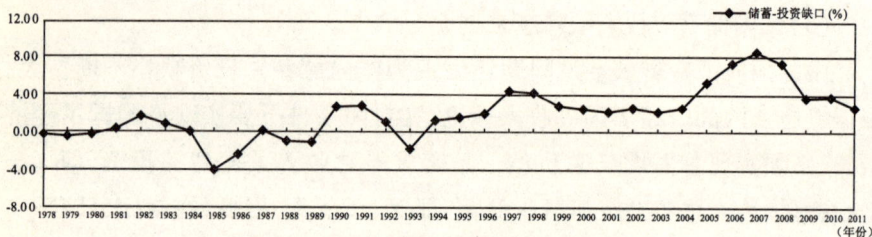

图 6.4   1978—2011 中国储蓄—投资缺口
数据来源:根据联合国统计署数据库相关数据整理。

二、转型时期中国国内消费需求不足的原因

改革开放以来,中国经济的持续增长在很大程度上掩盖了国内经济发展中长期出现的消费需求不足问题。事实上,对消费需求不足问题引起高度重视是在投资和出口两驾马车相继出现问题时出现的。在 1993 年以前,中国经济增长在很大程度上是靠投资拉动的。从 1993 年开始,特别是加入 WTO 之后,中国经济增长主要转向靠投资、出口双向拉动。依靠投资拉动经济增长的模式使国民经济日益暴露出高耗能、高污染、产量过剩、粗放式发展等种种弊端。依靠出口拉动经济增长的外向型发展模式使国民经济的外部依赖性增强,对外贸易摩擦增多,人民币升值压力增大,经济发展的风险不断加大。中国渐进式的改革决定了每项新经济政策的出台往往是由问题导向的。积极着手扩大内需的战略在 1997 年亚洲金融危机后和 2008 年全球金融危机后表现的异常突出,而扩大内需、促进消费的长效机制的建立则体现在 2010 年的"十二五"规划中。

造成中国国内长期消费需求不足的成因除了政府长期以来"重投资"、"重出口"发展战略外,还有三个深层次原因,即国内社会保障体系不完善、

---

① 李扬等. 中国:高储蓄、高投资和高增长研究[J]. 财贸经济,2007(1).

政府公共财政支出不足和居民收入差距过大。

(1)社会保障制度不完善

社会保障制度是国家通过立法制定的社会保险、救助、补贴等一系列制度安排的总称,是现代国家最重要的经济制度之一。完善的社会保障体系是增加国内消费需求尤其是居民消费需求的必要条件。在世界上发达市场经济国家中广泛存在的国内大量消费甚至是超前消费都是以完备的社会保障制度为前提的。[①] 体制转型中的中国,各项社会保障制度还处于不断完善之中,居民对转型经济发展的不确定性的预期,势必会增加各种"预防性"储蓄,减少消费,以保障自身的既得利益。另外,相比于城镇居民,养老保险制度在农村还没有普遍建立起来,农村居民的社会保障体系更不完善,因此,农村居民的消费需求比城镇居民低。

(2)政府其他公共事业支出不足

政府公共支出是指政府为市场正常运行提供的各项公共服务所提供的支出总和,具体包括投资性支出、公共事业性支出、国家管理支出、国防支出以及各项补贴支出等。其中,公共事业性支出是与居民消费需求关系最紧密的政府公共支出。在公共事业性支出中,除社会保障支出外,还包括教育、科学、文化、卫生等项支出。多年以来,"重增长"的经济发展战略使中国投资性支出过大,公共事业性支出严重不足,而教科文卫等公共性政府支出是关乎居民衣、食、住、行的最重要财政支出,这些公共支出的增加不仅可以提高居民生活质量,还可以解除居民的后顾之忧,使更多的消费潜力得到释放。2008 年为应对全球金融危机,政府出台的 4 万亿元经济刺激计划中,政府公共事业性支出比重大幅度增加,这也体现了政府惠及民生、增加消费需求的经济发展新战略。

(3)居民收入差距过大

中国居民消费需求不足的主要原因除上述两个外,还有转型时期居民收入差距不断扩大。居民收入差距不断扩大具体表现为两个方面:第一,城乡之间收入差距过大;第二,城乡内部贫富差距过大。改革开放之初,中国城乡居民收入曾一度出现缩小之势,但近 20 年来城乡居民收入总体上在缓

① 沈坤荣等. 是何因素制约着中国居民消费[J]. 经济学家,2012(1).

步扩大。1978 年,中国城乡收入差距为 2.57∶1,2000 年上升至 2.79∶1,2008 年进一步扩大至 3.31∶1,2010 年收入差距有所下降,但仍为 3.23∶1,2011 年又降为 3.13∶1。根据世界银行的相关报告,世界上大多数国家的城乡居民收入差距约为 1.5∶1。[①] 可见,中国的城乡收入差距依然过大。如果将城市居民在各种补贴、教育、医疗上的福利考虑在内,则中国城乡居民的真实收入差距将会更大。这种城乡收入差距使占人口绝大多数的农民消费需求过低,造成了总消费需求不足。除二元经济体制下城乡收入差距外,农村居民和城镇居民内部出现的贫富差距不断拉大的问题也导致了国内总消费不足。在农村和城镇内部,收入水平越高的居民收入增长的速度要快于收入水平越低的居民,两极分化程度日益加深。1978 年,农村居民内部收入差距的基尼系数为 0.21,1995 年提升至 0.33,2008 年则进一步提升至 0.38,2011 年升至 0.39;城镇居民内部收入差距基尼系数 1978 年为 0.1,1995 年为 0.28,2008 年为 0.36。[②] 如果考虑到一些研究认为的中国相当一部分高收入群体的真实收入透明度低的事实,上述统计的基尼系数可能会更大。从边际消费倾向来看,高收入群体的边际消费倾向最低,中等收入群体的边际消费倾向较高,低收入群体的边际收入倾向最高。由于低收入群体收入增长缓慢,潜在的消费需求很难快速转化为现实的购买力,因此中等收入群体的消费需求是拉动经济增长的最主要动力。但鉴于中国贫富差距过大,中等收入群体比重偏低,以消费需求主导经济的发展模式短时间内很难形成。

第三节　中国对外贸易政策的主要影响因素

一、对外贸易政策与经济增长

发展对外贸易对一国经济增长的促进作用不言而喻。早在 1664 年英国经济学家托马斯·孟就以《英国得自对外贸易的财富》一书中详尽阐述了对

---

① 迟福林. 消费主导中国转型大战略[J]. 中国经济出版社,2012.
② 2011 年城镇居民收入差距的基尼系数一直未公布。

外贸易如何为一个国家创造财富、促进经济增长。时代的变迁、经济的发展并没有减弱对外贸易对一国经济增长的作用,随着全球化趋势的加强,对外贸易对经济增长的促进作用越来越强。1937 年,英国经济学家罗伯特逊又提出"对外贸易是经济增长的发动机"学说,继续延续着对外贸易在一国经济增长中的重要地位。鉴于对外贸易对一国经济增长的重要作用三百多年来都未曾改变,许多国家都试图通过实施对外贸易政策,调整进出口贸易模式,以发挥对外贸易的最大作用,实现最大程度促进本国经济增长的目的。①改革开放以来,中国政府正是通过出口导向型对外贸易政策促进经济增长。有学者认为,政府干预型对外贸易政策的实施确实促进了中国经济增长,但也有一些学者认为,出口导向型对外贸易政策的实施造成了种种发展的弊端,实际上阻碍了经济增长。

近年来,一些学者试图用实证方法检验对外贸易的宏观经济效果。Yanikkaya(2003)对一百多个发达国家和发展中国家于 1970—1997 年的贸易壁垒进行面板数据分析,发现贸易壁垒与发展中国家的经济增长正相关。Lee(2004)对一百多个国家在 1965—2000 年的对外贸易和经济增长数据进行分析,发现一国对外开放程度与经济增长正相关。苏萍、刘艳朝、陈苇(2007)认为,实现国际收支平衡目标的措施会给中国的经济平稳较快增长的目标和增加就业的目标带来负面影响。

还有大量的学者热衷于对中国对外贸易和经济增长做相关性分析。多数学者得到了相似的结论,即对外贸易与经济增长存在长期稳定的协整关系。石传玉、王亚菲、王可(2003),杜江、刘用明(2004),徐慧(2007),蒋浩、宫占奎(2008),刘莉君、吴婧、赵立华(2008),常乃磊、金鑫(2011)等运用协整检验得到类似的结论,中国的对外贸易对经济增长有直接的促进作用。有学者则不认为对外贸易与经济增长存在直接的因果关系。胡兵、乔晶(2006)的检验发现,中国对外贸易与经济增长之间不存在直接的格兰杰因果关系,它们之间的相互促进作用是通过全要素生产率为媒介间接实现的。周春应(2007)通过建立 VAR 模型,认为进口贸易主要通过 6 条途径传导对

① Harrison, Ann E. "An Empirical Test of the Infant Industry Argument: Comment". *The American Economic Review*,1994(9).

经济增长的促进作用。关嘉麟(2012)通过建 VECM 模型,得出结论,中国进口贸易对经济增长的作用大于出口贸易。还有学者得到了截然相反的结论,卢名辉、周明生(2008)通过协整关系检验表明,经济增长是对外贸易的格兰杰原因,但对外贸易不是经济增长的格兰杰原因。

另有一些学者用进出口结构和中国经济增长进行了比较深入的经验性分析。王永奇(2004)通过实证检验,发现中国的贸易结构不显著影响经济增长。隋月红、赵阵华(2008)通过格兰杰因果关系检验,发现中国出口贸易结构是造成对外贸易摩擦的原因。彭斯达、陈继勇、杨余(2008)通过实证检验,发现进出口总额、进口、出口对经济增长都有推动作用,但进口贸易的推动作用更大。他还发现,一般贸易对经济增长的推动作用比加工贸易大。

笔者认为,上述学者通过实证分析的方法在一定程度上考察了对外贸易措施同一国经济增长的关系。但在论证方法上普遍存在的问题有四个:

第一,在现有的文献中,大量学者仅停留在针对进出口和经济增长两者的关系建模分析,而经济增长只是一国宏观经济目标的一个方面,不应忽视对外贸易政策与其他经济政策目标的一致性问题。

第二,在选取一国贸易政策保护程度指标的时候,一些学者用关税税率时间序列表示一国贸易保护措施的做法已经不适合现阶段的研究。因为随着 WTO 的成立,各国的平均关税税率已经降到4%以下,并维持在相对稳定的程度,而贸易保护又出现了新的特点,即以反倾销、反补贴和特保条款为主,一些学者用反倾销、反补贴和特保条款的数量表示贸易保护措施的做法方向正确,但似乎又过于粗糙。这种仅用保护措施使用件数代替保护政策的做法不仅掩盖了保护的程度,还忽略了由于本国的保护措施遭受来自进口国的报复情况。因此,在选取变量时未能全面地反映这些新保护措施。

第三,由于对外贸易与经济增长之间存在很强的内生性问题,即出口贸易本身就是一国 GDP 的组成部分,经济增长对进出口贸易的促进作用亦很明显,实证检验容易出现伪回归现象。因此,在选用变量和处理数据时要尽量避免这种内生性问题。否则就会出现很多学者用同样的基础数据和同样的计量模型,却得出截然不同的结论的问题。在这一方面黄伟力等人实证得比较合理。黄伟力(2007),王博、刘澜飚(2009),郭友群、周国霞(2006)分别用出口和刨除出口的 GDP 做协整检验,避免了内生性问题。他们的结论是出口与经济增长存在长期稳定的协整关系。

第四,也是最重要的一点,事实上,上述学者仅用进出口数据与经济增长数据做实证检验,事实上得出的变量之间的关系也只能停留在一国对外贸易与经济增长的层面,而并不能说明一国总体对外贸易政策与经济增长的关系,更不能作为对一国对外贸易政策的绩效分析。综上所述,笔者试图在第七章以新建的对外贸易政策干预指数为总体对外贸易政策取向,检验中国对外贸易政策与经济增长的关系,而不是对外贸易与经济增长的关系。

二、对外贸易政策与城乡二元经济结构转换

城乡二元经济问题可以说是当今发展中国家普遍存在的状况,而二元经济也是发展中国家在发展本国经济过程中必然要跨过的障碍,二元经济转换为一元经济是经济发展的必由之路。相比于对外贸易政策与经济增长的关系而言,对一国对外贸易政策与城乡二元经济结构转换的关系展开深入研究的学者更是寥寥无几。

中国的城乡二元经济转换是伴随着改革开放、经济体制改革一步步进行的。中国市场化、工业化、现代化目标的实现有赖于城乡二元结构转换的完成。因而,以市场化、工业化和现代化为发展目标而制定的中国宏观经济政策也应着眼于城乡二元经济转换问题。对外贸易政策,作为一国宏观经济政策的重要组成部分,其制定和实施不仅要以对外经济发展为目标,也需兼顾国内经济发展目标。对于国内城乡二元经济转换的结构性目标,对外贸易政策可以兼顾的便是源源不断地吸收二元经济转换过程中释放出的农业剩余劳动力。

1978 年,中国城市人口约为 1.7 亿,农村人口约为 7.9 亿,占总人口的82%,可见,转型时期中国二元经济转换的压力是空前的。中国的城乡二元经济转换可以说是一个系统的、艰巨的工程,需要国内各项经济政策的齐力配合方能尽早实现,而农业剩余劳动力的转移问题则是各项经济政策配合的着力点。农业剩余劳动力转移是二元经济转换的核心问题,农业剩余劳动力向城镇顺利转移的速度在某种程度上决定了二元经济转换的速度。

从本章第一节的分析可以看出,转型初期,中国乡镇企业的蓬勃发展吸收了大量农业剩余劳动力,有效地推动了城乡二元结构转换。但 20 世纪 80

年代中后期,随着乡镇企业发展停滞,农业剩余劳动力转移的出口不畅,二元经济转换速度一度放缓。20世纪90年代中期以来,改革进一步深化,市场进一步开放,城市企业获得发展,成为吸收农业剩余劳动力的主力。特别是2001年中国加入WTO后,外国企业被中国丰富而廉价的劳动力所吸引,纷纷将生产基地迁至中国,外资企业也加入吸收中国农业剩余劳动力的队伍中来。然而,多年来投资主导的过剩的产能和过量的产品无法被国内需求全部消化,这严重威胁到再生产问题,也影响到内资企业和外资企业吸收农业剩余劳动力的能力。在这种情况下,大力发展对外贸易,扩大出口的出口导向型对外贸易政策就成为中国维持经济增长、保证农业剩余劳动力顺利向城镇转移的必然选择。因此,中国出口导向型对外贸易政策的总体取向与城乡二元经济结构转换存在紧密关系。鉴于针对二者关系的实证研究并不多见,笔者将城乡二元结构转换作为中国出口导向型对外贸易政策的重要影响因素,在第七章展开实证检验。

三、对外贸易政策与国内消费需求不足

消费、投资、出口是拉动一国经济增长的三驾马车,然而对中国而言,消费这辆最重要的马车多年来起的作用不但没有增强,反而越来越弱。改革初期的相当长一段时期内,投资是拉动经济增长的主力,直到20世纪90年代中后期,出口迅速增加,中国经济增长形成投资、出口双重驱动模式。而在此期间,消费增长率、贡献率却在不断下降。

改革开放至今,中国的经济增长呈现出明显的阶段性发展特征,其根源在于拉动我国经济增长的主要力量为投资和出口。投资拉动经济增长本身就存在阶段性特点,一般来讲,经济周期处于下行的时期,政府会增加投资以刺激经济增长;经济周期处于上行的时期,政府会减少投资以防止经济过热。不仅如此,投资拉动经济增长的弊端远大于消费和出口。出口拉动经济增长同样存在阶段性特点,因为出口的增加不仅受国内对外贸易政策的导向,还受国外需求和国际环境影响。[1] 当经济危机爆发时,国外需求迅速

---

① Caroline Freund, Caglar Ozden. "Trade Policy and Loss Aversion". *The American Economic Review*, 2008(9).

萎缩,中国出口增速必然下降;当与外国贸易摩擦加剧时,外部环境恶化,中国出口增速也必然下滑。由此可见,投资和出口拉动经济增长必然出现时升时降的不稳定特征,相比之下,只有变动更加平稳的国内消费的持续增长才能保证国内经济持续稳定增长。鉴于转型时期,中国持续存在的国内消费需求不足的状况,可以说,出口导向型对外贸易政策总体取向是转型时期稳定经济增长、吸收农业剩余劳动力的重要手段。笔者将国内消费需求不足作为中国出口导向型对外贸易政策总体取向的影响因素,在第七章展开实证分析。

第四节　中国对外贸易政策取向的政治经济学分析

　　转型时期中国对外贸易政策分类取向表现出极其明显的类似于"马太效应"的趋势。从新政治经济学角度分析,这种"鼓励强者、忽视弱者"的对外贸易政策取向是中央政府、地方政府、企业集团和民众四方利益集团制度博弈的结果。中国对外贸易政策取向的变化也是在中央政府、地方政府、企业集团和民众四方不断进行的动态博弈的过程中形成的。中央政府、地方政府、企业、民众四方利益集团都从自身利益最大化的角度出发,争取有利于自身利益的制度安排,但由于在中国经济体制转轨的不同时期,四方利益集团的目标不一致,势必导致中国对外贸易政策取向最终需要在四方力量的对抗下生成,并在四方力量此消彼长中不断调整。在四方利益集团的博弈中,政府作为对外贸易政策在政治力量和资源配置上处于绝对优势,居于主导地位,在四方博弈最终选择了以损失最小为基准的对外贸易政策。[①] 改革初期,中央政府为尽快实现经济发展,体现改革成效,将加速经济增长这一总量目标作为最重要的发展目标,提出一系列制度安排,而这一时期的地方政府与中央政府的目标基本一致,而企业和民众受开放经济的推动,生产和消费能力空前释放,客观上也促进了经济增长。

---

① Quy – Toan Do, Andrei A Levchenko. "Trade, Inequality, and the Political Economy of Institutions". *Journal of Economic Theory*, 2009(7).

20 世纪 70 年代末至 90 年代初这一时期,以经济增长为总体发展目标和二元经济结构转换为结构调整目标的改革,不论是中央政府、地方政府还是企业、民众都享受到了最大的利益。这一时期中国市场刚刚向世界开放,中国对外贸易商品普遍不具备比较优势,国家也未对其进行特殊的干预。1978—1992 年,中国对外贸易政策取向基本上属于以经济增长为中心的开放性的对外贸易政策。

从 20 世纪 90 年代中期开始,随着经济增速不断加快,粗放型经济发展模式的弊端日益显露,中央政府开始提出转变经济增长方式的发展战略,但地方政府受地方经济增长利益的驱使,仍然压抑不住投资冲动,放不下总量增长的发展目标,这就出现了中央政府与地方政府利益上的冲突。尽管如此,城乡二元经济结构转换过程中出现的农业剩余劳动力转移问题仍然是中央政府和地方政府共同关注的问题。另外,民众利益群体经历了 90 年代初期连续两年国内较大的经济波动,对制度改革的走向和未来收益的信心有所下降,因此,居民消费倾向有所下降。与此同时,与中国市场经济体制改革同步进行的二元经济转换也发展到了关键的时期,乡镇企业的萎缩导致不断析出的农业剩余劳动力就业问题亟待解决,大力发展劳动密集型出口产业成为政府的必然选择。由此,在农业剩余劳动力持续向工业转移的二元经济转换大背景下,在中央政府"重结构"、地方政府"重增长"、企业"重效益"、居民"重储蓄"的四重目标冲突中,中国对外贸易政策的总体取向最终形成。这种对外贸易政策取向的重大意义在于:第一,顺应二元经济结构转换的目标,适时地为农村剩余劳动力向城市转移找到了出口;第二,在居民消费需求萎缩的状况下,开启以出口拉动经济增长的引擎,保障了经济增长的总量目标。1993—2003 年中国的对外贸易政策为明显的支持劳动密集型产业发展的出口导向型贸易政策。

2004 年开始,中国开始将转变经济增长方式和转变外贸增长方式作为发展的重点,严格控制出口贸易结构,但由于 2005 年的汇率改革使人民币汇率有利于中国的出口,中国对外贸易顺差进一步拉大,客观上进一步促进了出口导向型对外贸易政策的发展。2004—2007 年,中国对外贸易政策取向同样带有明显的出口导向型特征。

2007 年美国爆发次贷危机,之后演变成了全球金融危机,中国多年实行的出口导向型经济发展模式受到空前的挑战。① 面对国外需求萎缩和保护主义盛行的双重压力,中央政府提出了转变经济发展方式,变单纯依靠投资、出口拉动经济增长为消费、投资、出口协调拉动增长的发展策略,大大刺激了国内消费需求。这一时期,中国的经济增速有所下降,进出口趋近平衡增长,二元经济结构继续转换,改革进入了一个新的稳步平衡发展的时期。这一时期的对外贸易政策趋近于平衡增长的政策。这种政策虽然也是一种次优的选择,但能够最大限度地缓解中央、地方、企业和民众的矛盾,也是渐进式改革发展的必然结果。

---

① Mario Larch, Wolfgang Lechthaler. "'Buy National' and Protectionism in the Great Recession – Can it work?". *Intereconomics*, 2011(8).

第七章　转型时期中国对外贸易政策成因与绩效的实证分析

本章运用时间序列分析方法,通过建立以中国对外贸易政策总体取向、经济增长、城乡二元经济结构转换、国内消费需求为变量的四变量时间序列模型,重点对转型时期中国对外贸易政策形成的原因及绩效进行实证检验。选取的时间序列变量分别为对外贸易政策干预指数、经济增长率、农业就业人口比重和储蓄—投资缺口。

第一节　假设与模型

(1)一般来讲,在解释多个时间序列变量间的关系时,传统的方法是建立结构化的联立方程模型。这种方法的不足之处在于模型的建立要严格以经济理论及规律为基础。而由于经济理论的解释能力有限,不能准确地指明经济变量之间的动态关系。因此,在构建模型的时候,往往很难准确指明哪些是内生变量,哪些是外生变量以及变量之间的因果关系。1980 年,由 C. A. Sims 将 *VAR*(向量自回归模型)应用到经济研究中,有效地解决了上述问题。*VAR* 模型是非结构化的多方程模型,其最大优势在于可以先不考虑经济理论,直接建立模型。通过各种检验后,能够更准确、客观地判断变量之间的动态关系。

VAR 模型的一般形式为:

$$Y_t = \alpha + \sum_{i=1}^{p} \beta_i Y_{t-i} + \varepsilon_t$$

式中,$E(\varepsilon_t) = 0, E(\varepsilon_t, Y_{t-i}) = 0, i = 1, 2, \cdots, p$;

Y_t 代表$(n \times 1)$ 向量组成的同方差平稳的线性随机过程，β_i 代表$(n \times n)$ 系数矩阵，Y_{t-i} 代表 Y_t 向量的 i 阶滞后变量，ε_t 在本模型中代表误差项。

在估计 *VAR* 模型时的关键问题就是如何确定 *VAR* 模型的最优滞后期数。而进行时间序列变量的平稳性检验则是确定 *VAR* 模型滞后期数的必要条件。*Dickey* 和 *Full* 提出的用 DF 统计量来检验时间序列变量平稳性的方法，后来经过改进称为 *ADF* 统计量，即增广的 *Dickey － Full* 检验方法被广泛地使用。

ADF 检验的模型为：

$$\Delta y_t = \gamma y_{t-1} + \sum_{i=1}^{p} \beta_i \Delta y_{t-i} + \varepsilon_t$$

式中，t 代表时间趋势项，γ、β 代表参数，ε 代表误差项。ADF 检验的原假设为 $H_0 : \gamma = 0$，对立假设为 $H_1 : \gamma < 0$。首先对原始时间序列数据进行 *ADF* 检验，如果无法拒绝原假设，进行一阶差分，对差分后的时间序列进行 *ADF* 检验，如果结果拒绝原假设，则表明变量为一阶平稳序列，具备了建立 *VAR* 模型的条件。接下来要确定 VAR 模型的最优滞后期数。滞后期数越大越能完整地反应所构造的模型的动态特征，但这又会损失模型的自由度，这也是 *VAR* 模型的缺陷。确定模型的最优滞后期数，需要对模型滞后结构进行检验。具体有五种检验方法，即 *AIC*（Akaike）信息准则检验、*SC*（Schwarz）信息准则检验、*LR*（Sequential modified LR test statistic）信息准则检验、*FPE*（Final prediction error）信息准则检验和 *HQ*（Harman － Quinn）信息准则检验。其中，最常用的方法是 *AIC* 信息准则检验和 *SC* 信息准则检验。

AIC 信息准则检验的公式为：

$$AIC = \ln \frac{SSR_k}{T} + \frac{2k}{T}$$

SC 信息准则检验的公式为：

$$SC = \ln \frac{SSR_k}{T} + \frac{k(\ln T)}{T}$$

式中，k 代表变量滞后期，T 代表样本数，SSR_k 代表残差平方和。VAR 模型的最优滞后期数根据 *AIC* 和 *SIC* 信息准则的最小值来确定。如果 *AIC* 和 *SIC* 信息准则确定的模型最优滞后期数不一致，则可参考其他三个检验标准的结果，依次为 *LR*、*FPE* 和 *HQ* 信息准则检验。

（2）确定了 *VAR* 模型的最优滞后期数,可以进一步检验时间序列变量间是否具有长期稳定的协整关系。具体来讲有两种常用的检验方法,即 *Engle - Granger* 两步法和 *Johansen* 协整检验法。*Engle - Granger* 两步法适用于双变量模型的长期协整关系检验;*Johansen* 协整检验也称为 *JJ* 检验,是以 *VAR* 模型为基础的检验回归系数的方法,适用于对多变量系统进行协整检验。*Johansen* 协整检验需要确定协整关系的最优滞后期数。*Johansen* 协整关系的最优滞后期数可以根据 *VAR* 模型的最优滞后期数减 1 得出。如果 *VAR* 模型的最优滞后期数为 p,则协整关系的最优滞后期数为 $p-1$。判别协整方程是否包括截距项或趋势项的问题有五种可能的形式:①序列与协整方程既无截距项又无趋势项;②序列无截距项,协整方程有截距项;③序列与协整方程均有截距项;④序列有截距项、协整方程有趋势项;⑤序列与协整方程有二次趋势项。

（3）时间序列变量具有长期协整关系并不能反映出变量间的因果关系。为进一步确定变量之间的相互关系,需要进行 *Granger* 因果关系检验。*VAR* 模型的 *Granger* 因果关系检验的前提条件是序列是平稳的,要判断非平稳的原始序列的因果关系,唯一的解决方法就是建立 *VECM*（误差修正模型）。*VECM* 模型是包含协整约束条件的 VAR 模型,通常用于具有协整关系的非平稳时间序列的建模。*Engle* 与 *Granger* 于 1987 年提出了著名的 *Granger* 表述定理（Granger representation theorem）,即如果变量 X 与 Y 是协整的,则它们之间的短期非均衡关系总能由一个短期误差修正模型表示:

$$\Delta Yt = lagged(\Delta Y, \Delta X) - \lambda \mu t - 1 + \varepsilon t$$

式中,$\mu t-1$ 表示非均衡误差项;λ 表示短期调整参数。

（4）*VECM* 的建立有助于对时间序列变量间的短期和长期 *Granger* 因果关系进行检验。短期 *Granger* 因果关系的检验可以通过对各 *VECM* 自变量的滞后项进行弱外生性 *Wald* 检验得出,效应的正负可以依据滞后项系数以及脉冲响应函数进行判断。长期 *Granger* 因果关系的检验可以通过对各 *VECM* 的误差修正项与自变量滞后项的 *Wald* 联合检验得出,效应的正负可以依据脉冲响应函数进行判断。

（5）为了进一步考察时间序列变量间的动态影响路径,需要观察脉冲响应函数。脉冲响应函数是通过对 *VECM* 的误差项上施加一个标准差新息的冲击,得到相应的脉冲响应函数图。另外,还可以根据 *VECM* 对时间序列变量进行方差分解。方差分解分析方法能够考察每一个结构冲击对其内生变量的变化的贡献程度,更细致地评价每一个结构冲击的重要性。

第二节　研究数据

本研究选用的数据为 1987—2011 年的年度数据。所选的时间序列变量为中国对外贸易政策干预指数(G)、经济增长率(GDP)、农业就业人口比重(RL)和储蓄—投资缺口(SI)。其中,中国对外贸易政策干预指数 *G*、经济增长率 *GDP*、储蓄—投资缺口 *SI* 的原始数据均来自联合国统计署数据库 *UN Comtrade Database*;中国农业就业人口比率 *RL* 的原始数据来自中国国家统计局《中国统计年鉴 2012》。

考虑到中国的储蓄大于投资与对外贸易顺差相对的实际状况,这里将通常的投资—储蓄缺口调整为储蓄—投资缺口,便于与贸易顺差对应讨论。由于此时间序列模型所涉及的变量全部都为比例关系,为了反映变量之间的真实结构变化,此部分研究选用的原始数据均为人民币当年价。其中,经济增长率的计算公式为:$(GDP_{当年} - GDP_{上年})/GDP_{上年}$;农业就业人口比重的计算公式为:(乡村就业总人数 - 乡村私营企业就业人数 - 乡村个体企业就业人数)/中国就业总人数;储蓄 - 投资缺口的计算公式为:(储蓄 - 投资)/GDP。

本章时间序列数据的基本模型为:

$$G_t = a_0 + a_1 GDP_{,} + a_2 RL_t + a_3 SI_t$$

此模型可以用于检验中国整体对外贸易取向的成因及绩效,选用的数据分析处理软件为 *Eviews*6.0。

第三节　单位根检验

在构建时间序列模型时,一个非常重要的假设就是平稳性假设。考虑到所研究的时间序列可能是非平稳的变量,有必要先对时间序列变量进行平稳性检验,以避免出现伪回归现象。检查序列平稳性的标准方法是进行单位根检验,笔者选用 ADF 单位根检验分别对时间序列变量 G、GDP、RL 和 SI 进行平稳性检验。

表 7.1 的 ADF 单位根检验结果表明:G、GDP、RL 和 SI 序列都是非平稳的,经过一阶差分后,序列均为一阶单整的时间序列。

表 7.1　ADF 单位根检验结果

变量	检验形式(C、T、K)	ADF 统计量	prob.	结论
G	(C、N、0)	-2.2047	0.2097	非平稳
△G	(C、N、0)	-4.6545	0.0013	平稳 *
GDP	(C、N、1)	-2.6979	0.0896	非平稳
△GDP	(C、N、0)	-4.1108	0.0045	平稳 *
RL	(C、N、0)	2.0956	0.9998	非平稳
△RL	(C、N、0)	-3.2838	0.0278	平稳 *
SI	(C、N、1)	-1.9393	0.3099	非平稳
△SI	(C、N、0)	-4.0546	0.0051	平稳 *

注:(C、T、K)分别代表截距项、趋势项和滞后阶数;△(X)代表 X 的一阶差分;* 表示在5%水平上显著。

由于此多变量系统已经具备了建立无约束的向量自回归(VAR)模型的条件,可以直接对上述变量 G、GDP、RL 和 SI 构建四维的 VAR 模型。为了进一步确定模型的最大滞后阶数,需要对模型滞后结构进行检验。具体有 AIC 信息准则检验、SC 信息准则、LR 信息准则、FPE 信息准则和 HQ 信息准则五种检验方法。笔者对这五种方法进行一一比对。检验结果见表 7.2。

表 7.2　VAR 模型滞后阶数的检验准则

Lag	LR	FPE	AIC	SC	HQ
0	NA	3.8268	12.6933	12.8908	12.7430
1	119.3045 *	0.0209	7.4566	8.4440 *	7.7049
2	22.9461	0.0189 *	7.2089 *	8.9862	7.6559 *

注:* 代表每个准则选出的最佳滞后阶数。

检验结果表明,五种检验准则中有三种准则一致认定最佳滞后阶数为 2 阶,据此可以建立向量自回归模型 $VAR(2)$。从模型的拟合效果看,可决系数 R^2 为 0.81725,模型拟合的比较好。由此可以得出下面要进行的 Johansen 协整关系检验的最优滞后期数为 1 阶。

第四节　协整关系检验与误差修正模型

Johansen 协整检验的标准分为特征根迹检验和最大特征值检验两种。

笔者对协整关系的具体形式的 5 种可能性逐一进行检验。如果在 5% 的显著性水平下,特征根迹统计量及最大特征根拒绝协整秩 $r = 0$,即变量间不存在协整关系的原假设,便可以判断变量之间至少存在一种协整关系。表 7.3 汇总报告了五种模型具体形式的检验结果。结果表明,五种模型都通过了检验,并且每种具体形式的模型都有可能存在多个协整关系。为了找出最优的模型形式,有必要对上述五种模型进一步建立相应的向量误差修正模型(VECM),表 7.4 汇总报告了用来判断最优模型形式的五个统计量。检验结果表明,协整检验的最优模型形式为"序列与协整方程既无截距项也无趋势项"。据此可以得到协整方程的最优形式为:

$$G = -0.005350 * GDP + 0.001915 * RL - 0.026541 * SI$$
$$(0.005350) \qquad (0.00026) \qquad (0.00233)$$
$$[-7.7088] \qquad [7.3933] \qquad [-11.4054]$$

其中,括号( )内代表变量系数的标准差,[ ]内代表变量系数的 t 统计量。

表 7.5 报告了误差修正模型的估计结果,由于本时间序列模型包括 4 个变量,相应的会得出 4 个误差修正模型。鉴于本研究是围绕着中国对外贸易政策动因开展的,这里给出以对外贸易政策整体取向 G 为因变量的 VECM 模型的误差修正项:

$$ECM = -0.005350 * GDP + 0.001915 * RL - 0.026541 * SI$$

VECM 模型误差修正项能够反映由短期偏离向长期调整的过程,误差修正项的系数为负,符合反向调节机制。从 VECM 模型的拟合效果看。从模型的稳定性看,所有单位根均位于单位圆内(见图7.1),说明模型结构稳定。需要注意的是,协整方程反映的是变量之间长期的均衡关系,要考察变量间的因果关系还需对变量进行 *Granger* 因果关系检验。

表7.3 Johansen 协整关系检验

Data Trend:	None	None	Linear	Linear	Quadratic
Test Type	No Intercept	Intercept	Intercept	Intercept	Intercept
	No Trend	No Trend	No Trend	Trend	Trend
Trace	2	1	1	1	1
Max – Eig	2	2	2	1	1

表7.4 Johansen 协整方程最优形式检验

Data Trend:	None	None	Linear	Linear	Quadratic
Test Type	No Intercept	Intercept	Intercept	Intercept	Intercept
	No Trend	No Trend	No Trend	Trend	Trend
Determinant resid covariance (dof adj.)	0.0075	0.0074	0.0081	0.0079	0.0080
Determinant resid covariance	0.0023	2.76E – 03	2.40E – 03	2.36E – 03	1.87E – 03
Log likelihood	– 63.0527	– 62.7743	– 61.1811	– 60.9725	– 58.2937
Akaike information criterion	7.5698 *	7.6325	7.7545	7.8237	7.8516
Schwarz criterion	8.7547 *	8.8668	9.1372	9.2554	9.4314

注:*代表五种方程中 *AIC* 和 *SC* 统计量的最小值。

表7.5 误差修正模型估计的结果

Cointegrating Eq:	CointEq1
G(–1)	1.000000
GDP(–1)	– 0.005350
	(0.00074)
	[–7.20878]
RL(–1)	0.001915
	(0.00026)
SI(–1)	[7.39327]

（续表）

Error Correction:	D(G)	D(GDP)	D(RL)	D(SI)
CointEq1	− 0.424363	72.57106	7.693995	− 9.398834
	(0.18109)	(35.1179)	(8.22647)	(11.6467)
	[− 2.34342]	[2.06650]	[0.93527]	[− 0.80700]
D(G(−1))	− 1.288051	109.0316	− 25.79659	− 44.00175
	(0.46143)	(89.4835)	(20.9618)	(29.6768)
	[− 2.79146]	[1.21845]	[− 1.23065]	[− 1.48270]
D(GDP(−1))	− 0.003350	0.431504	− 0.047242	− 0.128910
	(0.00133)	(0.25715)	(0.06024)	(0.08528)
	[− 2.52666]	[1.67805]	[− 0.78426]	[− 1.51158]
D(RL(−1))	0.016002	− 2.510275	0.366021	0.428219
	(0.00843)	(1.63387)	(0.38274)	(0.54187)
	[1.89936]	[− 1.53639]	[0.95632]	[0.79027]
D(SI(−1))	0.014936	− 1.051988	0.229487	0.590456
	(0.00739)	(1.43319)	(0.33573)	(0.47531)
	[2.02100]	[− 0.73402]	[0.68355]	[1.24225]
R − squared	0.378729	0.267331	0.234051	0.142868
Adj. R − squared	0.240669	0.104516	0.063840	− 0.047605
Sum sq. resids	0.014957	562.4901	30.86635	61.86753
S. E. equation	0.028826	5.590121	1.309503	1.853938
F − statistic	2.743219	1.641930	1.375064	0.750068
Log likelihood	51.75256	− 69.39970	− 36.01857	− 44.01485
Akaike AIC	− 4.065440	6.469539	3.566832	4.262161
Schwarz SC	− 3.818594	6.716386	3.813678	4.509008
Mean dependent	0.004238	− 0.426938	− 1.055652	0.156522
Cointegrating Eq:	CointEq1			
S. D. dependent	0.033080	5.907344	1.353416	1.811324
Determinant resid covariance (dof adj.)	0.007535			
Determinant resid covariance	0.002827			
Log likelihood	− 63.05269			
Akaike information criterion	7.569799			
Schwarz criterion	8.754663			

注：括号（ ）内代表标准差，[ ]内代表 t 统计量，（ −1）表示滞后 1 期。

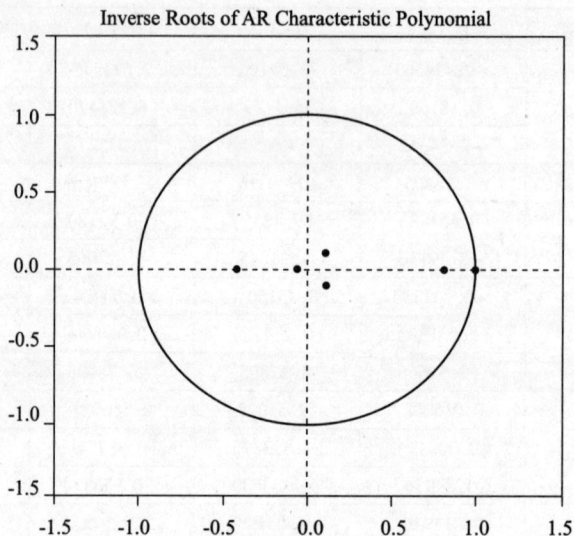

图7.1 滞后阶数为1的AR特征多项式逆根

第五节 格兰杰因果关系检验

以上诸多检验仅能得出一个结论,即变量 *G*、*GDP*、*SI* 和 *RL* 间存在长期的均衡关系,而并不能反映出变量间的因果关系。为进一步确定这三个变量之间的相互关系,需进行 *Granger* 因果关系检验。*VAR* 模型的 *Granger* 因果关系检验的前提条件是序列是平稳的,上面已经证明原始序列是非平稳的,因此,*Granger* 因果关系检验应基于已建立的 *VECM* 模型进行。表7.6为基于 *VECM* 模型的 *Granger* 因果关系检验结果。

表7.6 基于 VECM 模型的短期 Granger 因果关系检验

Null Hypothesis	Chi − sq	df	Prob.
ΔGDP does not Granger Cause ΔG	6. 3840	1	0. 0115 ∗
ΔRL does not Granger Cause ΔG	3. 6076	1	0. 0575 ∗
ΔSI does not Granger Cause ΔG	4. 0844	1	0. 0433 ∗
ΔG does not Granger Cause ΔGDP	1. 4846	1	0. 2231

（续表）

Null Hypothesis	Chi – sq	df	Prob.
ΔRL does not Granger Cause ΔGDP	2. 3605	1	0. 1244
ΔSI does not Granger Cause ΔGDP	0. 5388	1	0. 4629
ΔG does not Granger Cause ΔRL	1. 5145	1	0. 2185
ΔGDP does not Granger Cause ΔRL	0. 6151	1	0. 4329
ΔSI does not Granger Cause ΔRL	0. 4672	1	0. 4943

注：* 代表在 10% 的显著性水平下拒绝原假设。

短期 Granger 因果关系检验可以得出如下几个结论：

第一，经济增长（ΔGDP）与中国对外贸易政策总体取向（ΔG）的关系。在 10% 的显著性水平下，χ^2 统计量的相伴概率为 0. 0115，检验结果拒绝了 ΔGDP 不是 ΔG 的 $Granger$ 原因的原假设，因此，ΔGDP 是 ΔG 的短期 $Granger$ 原因。

第二，二元经济结构调整（ΔRL）与中国对外贸易政策总体取向（ΔG）的关系。在 10% 的显著性水平下，χ^2 统计量的相伴概率为 0. 0575，检验结果拒绝了 ΔRL 不是 ΔG 的 $Granger$ 原因的原假设，因此，ΔRL 是 ΔG 的短期 $Granger$ 原因。

第三，储蓄—投资缺口（ΔSI）与中国对外贸易政策总体取向（ΔG）的关系。在 10% 的显著性水平下，χ^2 统计量的相伴概率为 0. 0433，检验结果拒绝了 ΔSI 不是 ΔG 的 $Granger$ 原因的原假设，因此，ΔSI 是 ΔG 的短期 $Granger$ 因果关系。

以上检验结果说明，1987—2011 年中国总体上出口导向型对外贸易政策是由经济持续增长、城乡二元经济结构不断调整以及国内消费需求不足的压力三重因素影响下产生的。另外，短期内，中国对外贸易政策取向与上述三个因素仅存在单向 $Granger$ 因果关系。

在确定变量之间的因果关系后，需要进一步判断具有因果关系的变量之间短期效应和长期效应的正负，其中短期效应可以通过观察 VECM 模型自变量的滞后项系数的正负进行判别，长期效应可以通过观察脉冲响应函数进行判别。

这一节重点判别具有 $Granger$ 因果关系的变量间的短期效应。上面

Granger 因果关系的结果显示,模型中的四个时间序列变量共有 3 种 *Granger* 因果关系。总结来看,ΔGDP、ΔRL、ΔSI 均是 ΔG 的短期 *Granger* 原因。从表 7.5 中观察 *VECM* 模型自变量的滞后项系数的符号,当不同滞后期数的系数符号不同时,可以通过计算系数之和来判别符号的正负。

对于 ΔGDP 是 ΔG 的短期 *Granger* 原因,表 7.5 中显示,变量 ΔGDP 的滞后项系数为 -0.00335,符号为负,表明 ΔGDP 对 ΔG 短期效应为负。这说明,短期内,中国经济持续增长将会使出口导向型对外贸易政策有所缓解;而随着经济增速下降,中国出口导向型对外贸易政策将得到加强,这个检验结果符合前面的假设。

对于 ΔRL 是 ΔG 的短期 *Granger* 原因,表 7.5 中显示,变量 ΔRL 的滞后项系数为 0.016002,符号为正,表明 ΔRL 对 ΔG 短期效应为正。这说明,短期内,伴随着中国城乡二元结构转换,中国出口导向型对外贸易政策取向将会有所减弱;若城乡二元经济结构转换受阻或缓步不前,导致农业就业人口不断增加,则出口导向型对外贸易政策取向则会加强,这个检验结果也符合前面的假设。

对于 ΔSI 是 ΔGDP 的短期 *Granger* 原因,表 7.5 中显示,变量 ΔSI 滞后项系数为 0.014936,符号为正,表明 ΔSI 对 ΔG 短期效应为正。这说明,短期内,由国内消费需求不足导致的储蓄—投资缺口的不断增大会使中国出口导向型对外贸易政策取向更加明显;而若储蓄—投资缺口不断减小则会使中国出口导向型对外贸易政策取向不断减弱,这个检验结果同样符合前面的假设。

第六节　脉冲响应函数分析

为了进一步考察四个变量之间长期的正负效应,有必要对变量进行长期 *Granger* 因果关系检验。笔者继续对各 *VECM* 的误差修正项与自变量滞后项进行 *Wald* 联合检验,而长期效应的正负可以依据脉冲响应函数进行判断。

表 7.7 报告了长期 *Granger* 因果关系检验的结果。可以看出,变量间的

长期 *Granger* 因果关系与短期 *Granger* 因果关系基本相同。ΔGDP、ΔRL、ΔSI 均是 ΔG 的长期 *Granger* 原因。

表7.7　基于 VECM 模型的长期 Granger 因果关系检验

自变量	因变量	G	GDP	RL	SI
C	F 统计量	5.4916	4.2704	0.8747	0.6512
C	伴随概率	0.0308	0.0535	0.3620	0.4302
G	F 统计量	4.8539	2.5589	1.9108	1.1334
G	伴随概率	0.0206	0.1052	0.1768	0.3439
GDP	F 统计量	4.2353	2.2438	1.2457	1.1652
GDP	伴随概率	0.0311 *	0.1349	0.3114	0.3343
RL	F 统计量	2.8336	2.3633	8.2458	0.3378
RL	伴随概率	0.0851 *	0.1226	0.0029	0.7177
SI	F 统计量	5.3522	2.5952	0.6099	1.2176
SI	伴随概率	0.0150 *	0.1022	0.5543	0.3192

注：＊表示在10%的水平上显著，不显示同变量的因果关系。

　　以上长期效应的检验结果不但反映了中国出口导向型对外贸易政策的形成原因，而且也表明了出口导向型对外贸易政策的绩效。下面进一步通过脉冲响应函数来观察这四个变量间的长期效应的正负问题及动态影响路径。

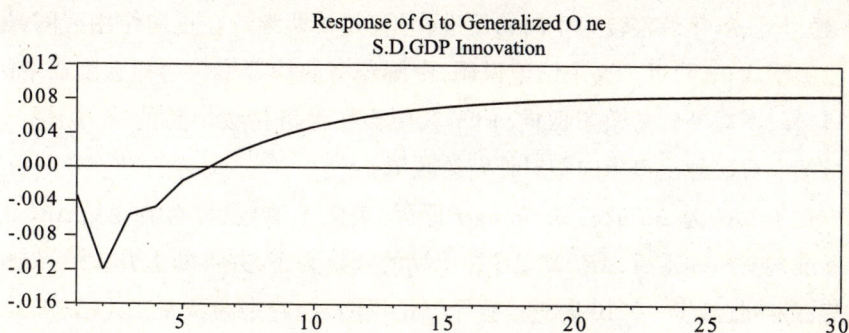

图7.2　G 对 GDP 的响应

Response of G to Generalized O ne
S.D.GDP Innovation

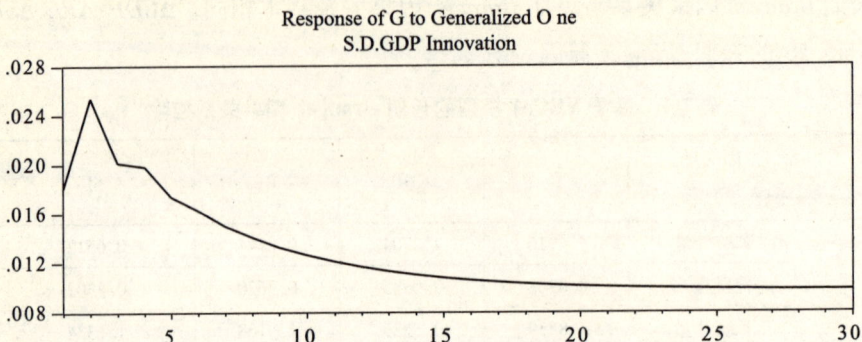

图7.3　G 对 RL 的响应

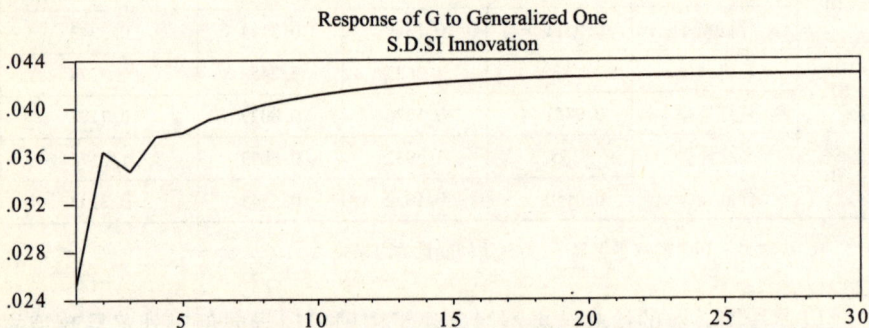

Response of G to Generalized One
S.D.SI Innovation

图7.4　G 对 SI 的响应

对于 ΔGDP 是 ΔG 的长期 *Granger* 原因,表7.2 中显示,当给变量 ΔGDP 一个标准差新息冲击后,ΔGDP 对 ΔG 在当期的效应为负,但副作用不断缓解,经过五、六年调整转为正向的促进作用,并长期维持在正向作用区间,最终收敛于0.08 附近。这个结论说明,中国经济的持续增长起初会削弱中国出口导向型对外贸易政策取向,但不久便会在经济持续增长的压力下不得不继续实行这种出口导向型对外贸易政策。

对于 ΔRL 是 ΔG 的长期 *Granger* 原因,表7.3 中显示,当给变量 ΔRL 一个标准差新息冲击后,ΔRL 对 ΔG 在当期的效应为正,并不断上升,然后缓慢下落,最终收敛于 -0.10 附近。这个结论说明,随着中国城乡二元结构的调整,农村剩余劳动力向城镇迁移,长期来看反而会导致中国出口导向型对外贸易政策的加强。这个结论意义重大,即表明中国出口导向型对外贸易政策总体取向的深层次原因是中国城乡二元经济结构调整的需要。

对于 ΔSI 是 ΔG 的长期 *Granger* 原因,表 7. 4 中显示,当给变量 ΔSI 一个标准差新息冲击后,ΔSI 对 ΔG 在当期的促进作用非常显著,并持续上升,最终收敛于 0. 042。这个结论说明,长期消费需求不足导致的储蓄 – 投资缺口在某种程度上加重了中国出口导向型对外贸易政策的总体取向。

第七节　方差分解分析

在考察完四个变量之间的短期和长期效应后,有必要对本研究重点考察的变量进行方差分解,以便于了解每一个结构冲击对内生变量变化的贡献程度。本研究重点关注的是对外贸易政策干预指数 G,下面根据误差修正模型直接对变量 G 进行方差分解。表 7. 8 报告了方差分解的结果,可以看出,在对 G 进行结构冲击后,经济增长对中国出口导向型对外贸易政策的贡献度第 2 期为 2. 6%,滞后有升有降,到第 20 期,其贡献度达到 4. 9%,整体贡献度不高。城乡二元结构转换对中国出口导向型对外贸易政策的贡献度由第 2 期的仅 0. 04% 上升到第 20 期的 4. 1%,上升速度比较缓慢。相比之下,储蓄—投资缺口对中国出口导向型对外贸易政策在第 2 期贡献度很大,为 13. 0%,之后不断扩大,到第 20 期,其贡献度上升到 16. 7%。长期看来,将经济增长、城乡二元结构转换和储蓄—投资缺口作为中国出口导向型对外贸易政策的影响因素是比较合理的。相比于经济增长总量目标和城乡二元结构转换结构性目标,国内长期消费需求不足对于中国出口导向型对外贸易政策变化的影响是比较显著的。

表7. 8　对外贸易政策总体取向 G 的方差分解表

滞后期	S. E.	G	GDP	RL	SI
1	0. 02883	100. 0000	0. 0000	0. 0000	0. 0000
2	0. 04954	84. 3765	2. 5506	0. 0382	13. 0346
3	0. 0614	85. 3802	1. 7338	0. 2857	12. 6002
4	0. 0726	84. 3466	1. 2443	0. 5283	13. 8809
5	0. 0822	83. 7841	1. 0617	0. 8490	14. 3052
6	0. 0912	82. 9569	1. 0643	1. 1700	14. 8088

（续表）

滞后期	S. E.	G	GDP	RL	SI
7	0.0995	82.1316	1.2318	1.4941	15.1425
8	0.1074	81.2824	1.4844	1.8022	15.4310
9	0.1149	80.4594	1.7933	2.0922	15.6551
10	0.1221	79.6728	2.1261	2.3604	15.8408
11	0.1290	78.9344	2.4664	2.6068	15.9924
12	0.1356	78.2476	2.8018	2.8317	16.1189
13	0.1420	77.6132	3.1253	3.0366	16.2250
14	0.1482	77.0297	3.4326	3.2228	16.3150
15	0.1542	76.4945	3.7217	3.3919	16.3919
16	0.1600	76.0042	3.9918	3.5457	16.4583
17	0.1656	75.5553	4.2432	3.6856	16.5160
18	0.1711	75.1443	4.4763	3.8129	16.5665
19	0.1764	74.7676	4.6922	3.9292	16.6111
20	0.1816	74.4221	4.8919	4.0354	16.6507

第八节 实证结果分析

本研究重点针对四个时间序列变量的相互关系进行研究,分别为代表对外贸易政策总体取向指标的对外贸易政策干预指数(G),代表经济增长指标的年均 GDP 增长率(GDP),代表城乡二元经济结构转换指标的农业就业人口占比(RL),以及国内消费需求不足指标的储蓄—投资缺口(IS)。

具体实证检验过程简要介绍如下:第一步,对所研究的四个时间序列变量 G、GDP、RL 和 IS 进行 ADF 单位根检验,以检测时间序列变量的平稳性,发现这四个变量都是一阶单整的序列。第二步,建立无约束 VAR 模型,确定了模型的最优滞后期数为2,进而得出协整关系检验的最优滞后期数为1。第三步,对多变量系统进行 $Johansen$ 协整关系检验,以考察变量间是否存在长期均衡的协整关系,发现四个变量间存在长期均衡的协整关系,通过建立向量误差修正模型 $VECM$,找出了协整方程的最优形式。第四步,以 $VECM$

模型为基础,对模型中的四个变量分别进行短期和长期 *Granger* 因果关系检验,结合脉冲响应函数图,分别认清了变量间的短期和长期 *Granger* 因果关系以及正负效应。第五步,将重点研究的变量 *G* 作为因变量进行方差分解,最终确定了变量间的动态影响路径和贡献度。

下面分别从中国出口导向型对外贸易政策总体取向的成因和绩效两个方面报告检验结果:

第一,中国出口导向型对外贸易政策的总体取向成因的实证检验结果。

从 Granger 因果关系检验的结果来看,不论是短期还是长期,中国出口导向型对外贸易政策的总体取向受到经济增长、二元经济结构转换和国内消费需求不足问题的直接影响。相比而言,国内消费需求不足问题对中国出口导向型对外贸易政策的形成起到的作用大于经济增长和二元结构转换目标。具体来看,经济增长在短期内使出口导向型对外贸易政策取向有所减弱,但长期看则会加强这种出口导向型对外贸易政策取向;二元经济转换无论在短期还是长期都会使出口导向型对外贸易政策取向有所减弱;内部消费需求不足无论在短期还是长期都会使出口导向型对外贸易政策取向有所加强。

第二,中国出口导向型对外贸易政策的总体取向绩效的实证检验结果。

无论是短期 *Granger* 因果关系检验还是长期 *Granger* 因果关系检验的结果均显示,中国出口导向型对外贸易政策总体取向与经济增长、城乡二元经济转换和国内消费需求不足仅存在单向的 *Granger* 因果关系,即上述三个变量都是中国出口导向型对外贸易政策总体取向的成因。但从绩效上看,中国出口导向型对外贸易政策无论从短期还是从长期来看,对经济增长、城乡二元经济转换和国内消费需求不足的影响都不显著,可以说,转型时期,中国过度鼓励出口、限制进口的出口导向型对外贸易政策对经济增长目标和城乡二元经济转换目标的实现以及解决国内消费需求不足问题上的作用并不明显。

第八章　结论与政策建议

第一节　主要结论

本书对转型时期中国对外贸易政策体制变迁的实践进行梳理和总结，充分借鉴西方国际贸易政策理论的精华，在转型时期中国对外贸易政策的理论框架下，通过经验性分析考察了 1987—2011 年中国对外贸易政策分类取向和总体取向，并对出口导向型对外贸易政策总体取向的形成原因与绩效进行了实证检验。本书的主要结论可概括为以下四大方面：

（1）中国对外贸易政策分类取向

在此部分，笔者改进了对外贸易商品实际比较优势指数，构建了对外贸易政策干预指数，测算了中国对外贸易政策分类取向。

第一，通过将进口贸易纳入对一国对外贸易商品实际比较优势的测算，笔者改进了 *Balassa* 于 1965 年提出的显示性比较优势指数，构建了对外贸易商品实际比较优势指数（TRSCA）。此部分研究以国际贸易标准分类（SITC Rev. 2）三位数为基础，重新测算了中国 1987—2011 年的对外贸易商品实际比较优势，透过中国巨额贸易顺差的表象，更全面、更客观地反映了中国对外贸易商品实际比较优势的演进状况，并考察了中国对外贸易商品技术含量的变化趋势。

测算结果显示，中国对外贸易商品实际比较优势水平依据技术含量水平的差别而有所不同，其中，初级产品、资源型产品的实际比较优势水平处于总体不断下降态势，这一方面源于中国多年来自然资源的过度消耗；另一方面也反映了中国对外贸易商品结构不断优化，国内产业结构不断升级的趋势;低、中、高技术产品的实际比较优势水平呈现出不断上升的态势,但上升速度有所不同,其他低技术产品 $LT2$、中等技术产品 $MT3$ 以及高科技产品 $HT1$ 上升速度最快,这主要得益于中国劳动力禀赋优势和技术进步。

　　总体来看,中国对外贸易商品实际比较优势依然集中在低技术产品上,在"科技兴贸"战略的鼓励下,中国部分中等技术产品和高技术产品虽有一定的比较优势,但远远没有用原有指标测算显示得那么强,电子器件及电气高技术产品比较优势虚高的假象得到了修正。

　　第二,用新构建的对外贸易政策干预指数(G),测算中国对外贸易政策分类取向,测算结果发现,转型时期中国对外贸易政策对不同技术含量进出口产品采取的政策完全不同,体现出类似于"马太效应"的政策倾向。具体来讲,对于已经具备很强比较优势的低技术产品和初具比较优势的加工型高科技产品实行大力发展、鼓励出口的对外贸易政策;而对于尚不具备比较优势的中等技术产品、其他高科技产品和日渐丧失比较优势的初级产品、资源型产品则实行鼓励进口或限制出口的对外贸易政策。显然,转型时期中国对外贸易政策是有政府干预的、有差别待遇的对外贸易政策。

　　笔者认为,首先,这种有政府干预的对外贸易政策分类取向的形成主要是由中国从计划经济体制向市场经济体制转型过程中的特殊背景决定的。中国的经济体制转型与对外开放是同时进行的,中国的经济转型和对外开放具有明显与其他国家不同的特点,且没有任何一个现成的成熟的经济理论可供参照,这在某种程度上决定了中国以渐进式的发展为主要模式的总体指向。完全遵循比较优势的自由贸易政策固然是实现国民福利最大化的最优选择,但迫于转型时期中国的特殊国情,次优的政府干预型对外贸易政策成为一种必然的选择。其次,从新政治经济学角度分析,这种有差别待遇的对外贸易政策分类取向,主要是中央政府、地方政府、企业集团以及民众四方博弈的结果。既然是有政府干预的政策,则干预的结果必然会导致利益的重新分配,中央政府虽作为对外贸易政策的制定者,但其政策的出台要受到地方政府、企业集团以及民众等多方的制约。如果通过鼓励出口以刺激经济增长的政策已经成为必然的选择,则鼓励哪类产品出口又成为另一个必须做出的选择。鼓励不具有比较优势产品的出口必然会遭到已经具有比较优势产品拥有者的反对,而鼓励已丧失比较优势产品的出口必然会遭到具有比较优势和预期将会具有比较优势产品拥有者的反对,因此,鼓励已经具有比较优势的产品出口是中央政府受阻碍最小、风险最低的选择。

(2)中国对外贸易政策总体取向

此部分笔者运用新构建的对外贸易政策干预指数,测算了中国对外贸易政策总体取向。

笔者首先将中国进出口的239种商品进行加权平均,分别得出中国对外贸易商品的整体实际比较优势水平和整体国际竞争力水平。测算结果表明,除1987—1989和1992—1993年外,中国对外贸易商品的整体国际竞争力水平均高于整体实际比较优势水平。笔者在书中已论证,一国对外贸易商品国际竞争力高于本国对外贸易商品实际比较优势的状况主要是由于政府实施了鼓励出口或限制进口的出口导向型对外贸易政策所致。因而,可以判定,转型时期,中国对外贸易政策的总体取向确为出口导向型。这种政策取向也是由转型时期中国特殊的经济背景和发展状况决定的。中国的经济转型是由国家主导的,以实现经济总量目标和结构性目标为指向的,立足于解决发展面临的主要问题的改革,这也决定了转型时期中国对外贸易政策的总体取向必然是服务于上述两个主要目标和解决上述主要问题的。中国出口导向型对外贸易政策总体取向是在中国经济增长的总量目标和城乡二元经济转换的结构性目标驱动下,又碍于国内长期消费需求不足的现实状况下制定的。

(3)中国对外贸易政策影响因素

此部分笔者运用时间序列分析方法,对中国对外贸易政策整体取向的三个影响因素进行实证检验。

笔者建立以中国出口导向型对外贸易政策总体取向、经济增长、城乡二元经济结构转换以及国内消费需求不足为变量的四变量时间序列模型,重点检验转型时期(1987—2011)中国出口导向型对外贸易政策整体取向的影响因素。

实证结果显示,无论在短期还是长期,经济增长、城乡二元经济转换和国内消费需求不足都与中国出口导向型对外贸易政策整体取向存在单向的 *Granger* 因果关系。

第一,经济持续增长短期内会使中国出口导向型对外贸易政策取向有所减弱,长期来看,经济增长又作为总量目标使中国对外贸易政策重新倾向于促进出口、限制进口。

第二,城乡二元经济转换的顺利进行不论在短期还是长期,都会使出口导向型对外贸易政策取向弱化,但城乡二元经济转换步伐如果遇到阻碍,速度减慢,则会导致出口导向型对外贸易政策取向不断强化。

第三,国内消费需求不足不论在短期还是长期,都会强化出口导向型对外贸易政策取向,但国内消费需求的增加则会弱化出口导向型对外贸易政策取向。以上实证检验结果恰好证实了本研究第六章分析的影响中国出口导向型对外贸易政策总体取向的三个因素。

(4)中国对外贸易政策绩效

此部分笔者运用时间序列分析方法,对中国对外贸易政策整体取向的绩效进行实证检验。

实证考察对外贸易政策的绩效首先需要判定对外贸易政策与其影响的经济变量之间的因果关系。以第七章实证模型为基础,对上述四变量进行短期 $Granger$ 因果关系检验,结果仅显示出经济增长、二元经济结构转换与国内消费需求失衡对中国出口导向型对外贸易政策的作用,并未体现中国出口导向型对外贸易政策对上述三个变量的作用,也就是说,短期内,中国对外贸易政策对上述三个影响因素的作用并不显著。笔者继续对此四变量模型进行长期 $Granger$ 因果关系检验,检验结果与短期的状况完全一致,即长期来看,中国对外贸易政策对上述三个影响因素的作用也不显著。

此部分的实证研究明确了转型时期中国出口导向型对外贸易政策无论在短期还是长期对经济增长目标、城乡二元经济转换目标以及解决国内消费需求不足问题的作用并不明显。可以说,改革开放以后,中国在相当长的一段时期内实施的鼓励出口、限制进口的出口导向型对外贸易政策总体取向的实施效果并没有预期的那么显著。而转型时期中国经济持续稳步增长、城乡二元经济结构稳步调整更多地依赖于改革开放以后中国释放出的丰富的劳动力资源和中国商品在国际市场上不断提高的比较优势,这便为中国未来对外贸易政策调整的方向提供了重要实证依据。

第二节　政策建议

本书对中国对外贸易政策取向的经验性分析以及对中国对外贸易总体取向成因及绩效的实证分析主要是回答了"是什么""为什么"和"怎么样"的问题,下面主要回答"怎么办"的问题,也就是针对目前中国对外贸易政策的调整方向提出政策性建议。

(1)中国比较优势发展战略的调整建议

中国对外贸易比较优势的动态演进状况说明中国对外贸易商品的技术含量在不断提高,反映出中国对外贸易商品结构在不断优化、国内产业结构在不断升级的趋势。然而,也应该清醒地认识到,目前中国对外贸易商品结构还不尽完善,产业升级的空间依然很大,对外贸易商品的技术含量并不高,既不能以顺差为傲,盲目乐观,也不能妄想将比较优势从低技术产品一步"蛙跳"到高技术产品。产品技术含量的提升必须循序渐进,这有赖于中国生产要素的积累、技术进步以及政府产业政策的正向干预。

(2)中国对外贸易政策分类取向的调整建议

转型时期中国对外贸易政策分类取向表现出极其明显的类似于"马太效应"的趋势。这种"马太效应"突出体现在两个方面:第一,对于不同技术含量的产业而言,政府对自身已具备强比较优势的低技术型劳动密集型出口产业大力支持,对于自身具有极强劳动力优势的高技术型出口加工产业大力扶植,而忽视本身不具备比较优势的产业。第二,对于同一产业的不同发展时期而言,政府采取的措施依旧是在产业通过资本积累、技术进步等途径获得了比较优势后对其进行大力扶持,而对于尚不具备和已经丧失比较优势的产业则采取放任自流的态度,这则必然造成这些不具备比较优势的产业的国际竞争优势越来越弱。因此,政府在选择需要鼓励的出口产品和产业时,不仅要关注已经具有比较优势的产品和产业,更重要的是应该将眼光放高放远,更多关注未来将会获得比较优势的产品和产业,避免目标选择上的短视取向。

另外,一国对外贸易政策的实施尽管无法直接提升产品自身的比较优势,但可通过增加科技投入等方式促进产品技术进步,间接提升产品的比较优势,促进产业的升级。中国目前在低技术产品上具有很强的比较优势,但由于劳动力资源日渐稀缺,主要依托于劳动力资源禀赋的低技术产品比较优势上升的空间不大,同时又处于较低层面的产业结构上,因此,单从比较优势上升空间和产业升级角度考虑,中国不应继续扶持低技术产业的发展,而应转型扶植更有上升空间的中等技术产业发展。具体政策调整建议如下:

①初级产品对外贸易政策分类取向的调整

改革开放以来,中国农、矿等初级产品起初具有国际竞争力,但竞争力水平不断下降,并逐渐丧失了国际竞争力,且竞争力水平已远低于其实际比较优势水平。这与中国针对初级产品实施的由鼓励出口转为鼓励进口的对外贸易政策有密切关系。中国针对初级产品对外贸易政策的转变一方面源于中国农、矿产品在经营体制、产品种类以及质量安全等方面所面临的严峻挑战,另一方面源于中国促进农业结构调整的总体战略方针的转变。针对上述问题,中国在初级产品对外贸易政策方面需要进行的调整有:努力实现初级产品差异化生产、完善农业经营体制、建立健全农产品质量安全保障体系等,着力提高农产品的出口竞争力。

②资源型制成品对外贸易政策分类取向的调整

中国包括农业制成品在内的资源型制成品国际竞争力水平呈现出不同的发展态势。农业制成品总体上来看并不具备国际竞争力,但由于国家出口促进政策的实施,其劣势局面有所缓解,并逐渐超过农业制成品的实际比较优势水平。中国其他资源型制成品几乎从未具备国际竞争力,且竞争力水平逐年下滑,并低于其实际比较优势水平,这与近年来国家实施的资源型制成品进口策略紧密相关。中国农业制成品对外贸易政策未来的调整方向应为:不应仅把落脚点放在由农产品初级加工向深加工转换,更重要的是着力将涉及农业、工业、现代服务业的农产品加工业整合为工厂化制成品农业,实现农产品加工业的跨越式发展,全面提升农业制成品的国际竞争力。因此,适当地扩大出口农业制成品的对外贸易政策对于促进农民增收、引领农业发展,以及吸收农业剩余劳动力意义重大。其他资源型制成品由于受到资源约束的影响更大,其国际竞争力水平短期内很难提高,而其他资源型制成品的进口对中国工业化发展和产业结构升级皆有作用,因而,对于其他资源型制成品建议实施继续扩大进口的对外贸易政策。

③低技术产品对外贸易政策分类取向的调整

由纺织服装类产品和其他低技术产品构成的中国低技术产品一直具有较高的国际竞争力水平,远高于二者的实际比较优势水平,且竞争力水平并未明显受劳动力优势逐年下降因素影响,这与改革开放以来中国对低技术产品的出口导向政策密切相关。中国经济发展到今天已成为世界第二大经济体,被称为"世界工厂",这有赖于中国鼓励低技术产品出口的外向型经济发展战略。然而,从中国低技术产品的发展演进来看,其实际比较优势水平仍有进一步上升趋势,并不需要特殊的政策扶持。尤其在经历了席卷全球的金融危机后,在对外贸易普遍下滑的情况下,中国低技术产品出口下降的幅度最小,这说明其抗风险的能力最强。因而,对低技术产品的出口促进政策似乎已完全没有必要。

④中等技术产品对外贸易政策分类取向的调整

由自动化产品、加工工业产品和工程类产品构成的中国中等技术产品从国际竞争力水平看各不相同。自动化产品和加工工业产品总体来看尚不具备国际竞争力,且竞争力水平低于其实际比较优势水平,这源于中国对汽车零部件等中间产品采取的进口鼓励政策。工程类产品由最初的不具备国际竞争力,慢慢过渡为具有国际竞争力,且竞争力水平超过其实际比较优势水平,这源于中国对工程类产品实施的出口鼓励政策。中等技术产品对于中国产业结构升级起到至关重要的作用,虽然一些中间零部件的进口对中国加工贸易的发展会起到一定作用,但是中等技术产品出口竞争力的提高以及中等技术产品技术水平的提高对未来中国经济和产业的发展更为有利。因而,中国应高度重视未来中等技术产品的发展问题,通过增加研发投入、增加人力资本投入、实施核心技术自主研发等政策,全面提升中等技术产品的出口竞争力。

⑤高技术产品对外贸易政策分类取向的调整

由电子器件及电气产品和其他高科技产品构成的中国高技术产品在国际竞争力方面呈现出完全不同的态势。中国电子器件及电气产品起初并不具备国际竞争力,在政府"科技兴贸"战略的指引下,其国际竞争力水平迅速上升,目前已表现出很强的国际竞争力,且竞争力水平远高于其实际比较优势水平。相比之下,中国其他高科技产品则始终不具备国际竞争力,且劣势局面仍非常明显。产业发展演进的规律证明,产业的升级一般是沿着从低级向高级逐级发展的,跨越式升级的例证十分罕见,且从长期来看并不稳固。因而,中国目前想要直接跨越中等产品国际竞争力的提升,直接实现高技术产品国际竞争力的提升既不稳固,也不现实。建议待中等技术产品实现稳固的国际竞争力后再重点扶持高技术产品出口。目前来看,这种对外贸易政策取向更符合中国的发展实际。

(3)中国对外贸易政策总体取向的调整建议

第七章的实证结果充分说明,转型时期中国出口导向型对外贸易政策无论在短期还是长期,对经济增长、城乡二元经济结构转换,以及国内消费需求不足的作用都不显著。由此,我们便有理由提出,中国的出口导向型对外贸易政策需要进行调整。

结合中国经济发展面临的不利外部环境,我们更有理由对这一政策提出调整的建议。外部环境约束主要表现在三个方面:一是金融危机后发达国家经济普遍低迷,需求不振,中国靠外需拉动经济增长的模式恐难维系;二是保护主义抬头,贸易逆差国与中国的贸易摩擦不断升温,政策调控压力加大;三是劳动密集型制造品的成本优势已经开始向东南亚等国转移,多年的比较优势逐渐消退。可以说,出口导向型的对外贸易政策显然已经走到了尽头。然而,在考虑调整中国出口导向型对外贸易政策总体取向的同时,具体应该实行怎样的对外贸易政策,仍是摆在我们面前的难题,这势必还要结合中国国内经济发展的现实状况而定。

中国的经济体制改革发展到今天,不但面临着严峻的外部环境,而且受到内部环境的约束。主要表现在三个方面:一是经济发展方式转型目标与粗放型外贸增长现状相矛盾;二是国内二元经济结构转换尚未完成,农村剩余劳动力转移的就业安置问题亟待解决;三是国内投资—储蓄长期失衡问题没能得到很好改善,外部失衡难以缓解。受上述不利内外部环境的制约,全球金融危机后,中国坚定地将扩大内需,尤其是将国内消费需求作为发展经济的主导力量,然而许多因素仍然制约着中国国内消费需求的提高。也就是说,短期内,中国要维持经济增长、稳定就业,仅靠消费需求拉动是无法实现的。鉴于投资拉动经济增长的弊端要远远大于出口,短期内,我们又不能完全放弃促进出口的对外贸易政策,因为,只有经济持续增长目标和二元经济转换目标基本实现,以消费需求拉动经济增长的发展模式最终形成,方可完全放弃目前的对外贸易政策总体取向。

鉴于目前中国城乡二元经济转换尚未完成,工业化尚未真正实现,加之以扩大内需为主导的经济发展模式也尚未成熟,因此,积极扩大出口的渐进调整式对外贸易政策整体取向仍是一个必要的选择。考虑到当前不利的外部环境,我们可以采取适当地、有选择地扩大进口的平衡贸易政策,但进出口的增速不宜放缓。

参考文献

［1］大卫·李嘉图．政治经济学及赋税原理［M］．北京：商务印书馆，1962.

［2］保罗·克鲁格曼．国际经济学［M］．北京：中国人民大学出版社，1998.

［3］卞亚军．试论美国贸易逆差的成因及其调整问题［J］．世界经济研究，2003
（7）．

［4］蔡强．美国对外贸易失衡与中美贸易摩擦［J］．江汉论坛，2012（10）．

［5］常乃磊，金鑫．基于 VECM 模型的 FDI 对外贸易与经济增长实证——以中国
1983—2009 为例［J］．求索，2011（4）．

［6］陈红蕾等．不完全竞争市场上的贸易与产业政策［J］．财贸经济，2005（1）．

［7］陈家勒．适度增加进口的几点思考［J］．国际贸易问题，1999（7）．

［8］陈军才．出口退税率调整对机电产品和高新技术产品出口影响的分析［J］．税
务与经济，2005（5）．

［9］陈谊．农村剩余劳动力转移理论综述［J］．重庆科技学院学报，2007（4）．

［10］程杰、鄂德峰．关税配额未完成：理论根源与实证分析［J］．国际贸易问题，
2009（7）．

［11］迟福林．消费主导中国转型大战略［M］．北京：中国经济出版社，2012 年版.

［12］崔日明，郭艳娇．战略性贸易政策——美国经济增长的有效支撑［J］．国际贸
易 2001（11）．

［13］董正平．西方经济增长理论的演变及其借鉴意义［J］．北京社会科学，1998（3）．

［14］杜江，刘用明．出口与中国经济增长的实证分析［J］．西南民族大学学报（人
文社科版），2004（2）．

［15］弗里德里希·李斯特．政治经济学的国民体系［M］．北京：商务印书馆，1997.

［16］傅朝阳．中国出口商品比较优势的实证分析［J］．世界经济研究，2005（3）．

［17］傅自应．中国对外贸易 30 年［M］．北京：中国财政经济出版社，2008.

［18］高健．"看得见"的理论与"看不见"的手——从葛兰西主义看 20 世纪美国的
外交政策［J］．世界经济与政治，2009（4）．

[19] 戈特哈德·贝蒂·俄林.区域贸易和国际贸易[M].北京:商务印书馆,1993.

[20] 关嘉麟.中国进口贸易与经济增长—基于格兰杰因果关系的实证研究[J].税务与经济,2012(1).

[21] 关嘉麟等.美国货物贸易逆差的可持续性分析[J].当代经济研究,2013(4).

[22] 谷克鉴.应用于中国贸易政策内生化的模型综合[J].经济研究,2003(9).

[23] 郭克莎.中国工业发展战略及政策的选择[J].中国社会科学,2004(1).

[24] 郭友群,周国霞.中国对外贸易对经济增长作用的实证分析[J].经济经纬,2006(2).

[25] 海闻,P.林得特,王新奎.国际贸易[M].上海:上海人民出版社,2005.

[26] 何茵,沈明高,徐忠.美国新型贸易保护主义及其对中国的影响:基于行业的分析[J].国际经济评论,2010(4).

[27] 洪银兴等.经济转型和转型经济理论研究[J].学术月刊,2004(6).

[28] 洪宇.中国商品贸易模式演进与背离研究[D].长春:吉林大学,2010.

[29] 胡兵,乔晶.对外贸易、全要素生产率与中国经济增长——基于 LA–VAR 模型的实证分析[J].财经问题研究,2006(5).

[30] 胡立法.进口配额的经济负效应及我国的抵补对策[J].对外经济贸易大学学报,2001(3).

[31] 胡昭玲.战略性贸易政策应用于中国轿车业量化效果的再考察[J].当代经济科学,2003(11).

[32] 胡昭玲.战略性贸易政策应用于中国汽车行业的经验分析[J].世界经济,2000(9).

[33] 黄宁等.中国出口产业结构优化评估——基于垂直专业化比率指标的改进与动态分析[J].财贸经济,2012(4).

[34] 黄伟力.我国经济的动态效率:基于协整的计量检验[J].统计与决策,2008(21).

[35] 黄先海,谢璐.中国汽车产业战略性贸易政策效果的实证研究[J].世界经济研究,2005(12).

[36] 贾根良,黄阳华.评发展中国家贸易保护还是自由贸易的新争论[J].经济社会体制比较,2008(5).

[37] 蒋德恩.显示性比较优势指数的适用条件分析[J].国际商务,2006(5).

[38] 蒋浩,宫占奎.对外贸易对我国经济增长的影响——协整分析和长、短期因果关系检验[J].贵州财经学院学报,2008(1).

[39] 景欣.战略性贸易政策与中国新兴产业发展研究[J].商业时代,2011(22).

[40] 郎丽华,张连城.2010 年,中国经济将进入新一轮扩张阶段[J].中国改革,

2009(6).

[41]郎丽华.论贸易保护政策的周期性[J].经济与管理研究,2009(12).

[42]李汉桥."出口退税"调整影响部分行业[J].经济研究参考,2004(7).

[43]李建伟,余斌.利息拿捏、汇率尺度与抑制我国物价过快上涨的对策选择[J].改革,2011(8).

[44]李俊江,康永刚.全球金融危机下美国贸易保护主义的新变化与中国应对策略[J].科学社会主义,2009(12).

[45]李克强.论中国经济的三元结构[J].中国社会科学,1991(3).

[46]李磊,漆鑫,朱玉.反倾销申诉和措施中的政治经济因素实证分析[J].经济评论,2011(2).

[47]李磊.中国出口结构与出口产业结构的实证分析[J].财贸经济,2000(5).

[48]李丽.中国轮胎没有让美国人失业[J].汽车观察,2009(9).

[49]李强,谢申祥,王孝松,唐磊.中美贸易不平衡中的宏观经济因素:基于结构VAR模型的实证研究[J].世界经济文汇,2011(1).

[50]李勤昌.欧盟农产品贸易保护制度的政治经济学分析[J].国际贸易问题,2010(3).

[51]李荣林,马海.美国对华贸易政策的政治经济分析[J].亚太经济,2006(5).

[52]李荣林,史祺.马克思的国际价值理论与西方国际贸易学说[J].南开经济研究,2000(5).

[53]李荣林,张岩贵.我国对外贸易与经济增长转型的理论与实证研究[M].北京:中国经济出版社,2001.

[54]李淑俊等.浅析美国行政保护主义——以中美贸易摩擦为例[J].当代世界与社会主义,2009(1).

[55]李淑俊,倪世雄.美国贸易保护主义的必然性与偶然性——对未来美国贸易政策的政治经济分析[J].世界经济与政治论坛,2007(3).

[56]李淑俊,倪世雄.美国贸易保护主义的政治基础——以中美贸易摩擦为例[J].世界经济与政治,2007(7).

[57]李淑俊,沈昕.放大与稀释:国会与美国贸易保护主义[J].教学与研究,2009(5).

[58]李淑俊.公众与美国政府贸易政策制定——以美国对华贸易政策为例[J].世界经济与政治,2009(8).

[59]李淑贞.宏观经济对美国反倾销的影响[J].特区经济,2006(3).

[60]李文峰.贸易政策形成研究[D].北京:中国社会科学院,2001.

[61]李轩.西方新贸易保护主义理论述评[J].当代经济研究,2007(5).

[62]李扬等.中国:高储蓄、高投资和高增长研究[J].财贸经济,2007(1).

[63]李一文.对外贸易战略:进口替代还是出口替代[J].天津商学院学报,2000(3).

[64]李永.动态比较优势理论[J].经济评论,2003(1).

[65]梁碧波.美国的贸易保护:"国家利益"决定抑或"利益集团"导向——基于美国制造业的实证分析[J].国际贸易问题,2009(9).

[66]林红玲.发展中国家对外贸易理论和政策及其对我国的借鉴意义[J].辽宁大学学报,1993(3).

[67]林毅夫.现有理论尚难解释中国奇迹[J].人民论坛,2008(4).

[68]刘建江.贸易逆差是否削弱了一国国际竞争力:美国经验[J].国际贸易问题2008(12).

[69]刘江.21世纪初中国农业发展战略[M].北京:中国农业出版社,2000.

[70]刘澜飚,王博.融资来源、投资效率与中国的经济增长[J].经济学动态,2008(2).

[71]刘莉君,吴婧,赵立华.我国进出口贸易与经济增长间的误差修正模型[J].湖南科技大学学报(社会科学版),2008(3).

[72]刘力.战略贸易论与发展中国家的贸易政策[J].经济学动态,1996(4).

[73]刘伟.经济失衡的变化与宏观政策的调控[J].经济学动态,2011(2).

[74]刘伟.政治经济学面临的若干难题[J].政治经济学评论,2010(1).

[75]刘莹,叶礼奇.我国进口现状及其对经济发展的作用[J].中国统计,2000(8).

[76]刘志梅.美国的经济增长、就业变动与贸易逆差[J].上海经济研究,2006(4).

[77]刘重力等.中国对外贸易比较优势变化实证分析[J].南开经济研究,2003(2).

[78]刘钻石、张娟.美国经常项目与金融市场关系的实证分析[J].国际贸易问题,2010(9).

[79]卢名辉,周明生.中国国内贸易、对外贸易与经济增长的互动研究——基于VAR模型的脉冲响应分析[J].南京师大学报(社会科学版),2008(5).

[80]吕博.贸易战争[M].北京:中国经济出版社,2009.

[81]鲁敏,关嘉麟.我国经济可持续发展的一般分析[J].财政研究,2011(10).

[82]罗利丽.战后美国宏观经济政策的演变及启示[J].江西社会科学,2001(8).

[83]罗润东.改革开放后我国经济增长与发展理论的演进轨迹[J].南开学报,2004(2).

[84]马超.产业结构、公共支出与区域经济发展[J].现代日本经济,2010(6).

[85]马春文.什么是政治经济学[J].社会科学战线,2005(3).

[86]马克思.资本论(第1卷)[M].北京:人民出版社,1975.

[87]马克思. 资本论(第3卷)[M]. 北京:人民出版社,1975.

[88]马克思恩格斯全集(第12卷)[M]. 北京:人民出版社,1962.

[89]马克思恩格斯全集,(第4卷)[M]. 北京:人民出版社,1962.

[90]毛健. 经济增长理论的基本脉络分析[J]. 当代经济研究,2003(1).

[91]毛泽东. 毛泽东选集(第1卷)[M]. 北京:人民出版社,1964.

[92]孟繁华. 我国出口退税政策的发展历程及调整原因[J]. 中国商贸,2011(18).

[93]欧玉芳. 比较优势理论发展的文献综述[J]. 特区经济,2007(9).

[94]庞德良,洪宇. 石油价格冲击、内生技术进步与日本经济增长[J]. 现代日本经济,2009(1).

[95]彭斯达,陈继勇,杨余. 我国对外贸易商品结构和方式与经济增长的相关性比较[J]. 国际贸易问题,2008(3).

[96]彭斯达、陈继勇、潘黎. 20世纪90年代以来美国对外贸易逆差与经济增长的相关性分析[J]. 世界经济研究,2007(9).

[97]齐俊妍. 中国是否出口了更多高科技产品. [J]. 世界经济研究,2008(9).

[98]尚琳琳. 出口商品结构调整的实证分析[J]. 财经问题研究,2000(2).

[99]沈坤荣等. 是何因素制约着中国居民消费[J]. 经济学家,2012(1).

[100]沈立人. 自由贸易和适当保护—对外开放的一个不可回避的命题[J]. 财贸经济,1995(4).

[101]盛斌. 贸易理论中的外部经济思想[J]. 南开经济研究,2000(5).

[102]盛斌. 国际贸易政策的政治经济学:理论与经验方法[J]. 国际政治研究,2006(2).

[103]盛斌. 贸易保护的新政治经济学:文献综述[J]. 世界经济,2001(1).

[104]盛斌. 贸易政策政治经济学的实证研究:综述与评论[J]. 南开经济研究,2001(5).

[105]盛朝迅. 比较优势动态化与我国产业结构调整[J]. 当代经济研究,2012(9).

[106]石传玉,王亚菲,王可. 我国对外贸易与经济增长关系的实证分析[J]. 南开经济研究,2003(1).

[107]斯蒂格利茨. 论2011年全球经济走势[J]. 理论参考,2011(2).

[108]宋冬林. 西方市场经济理论的演化及启示[J]. 经济纵横,1993(4).

[109]苏萍,刘艳朝,陈苗. 调节双顺差与国内宏观经济目标的冲突及其解决途径[J]. 西南金融,2007(9).

[110]隋月红,赵振华. 出口贸易结构的形成机理:基于我国1980—2005年的经验

研究[J].国际贸易问题,2008(3).

[111] 隋月红."二元"对外直接投资与贸易结构:机理与来自我国的证据[J].国际商务(对外经济贸易大学学报),2010(6).

[112] 孙晓琴,黄怡伟.金融危机下贸易保护对中国出口影响的实证分析——以对美出口机电产品遭遇技术性贸易壁垒为例[J].求索,2009(2).

[113] 特奥托尼奥·多斯·桑托斯.帝国主义与依附[M].北京:社会科学文献出版社,1999.

[114] 佟家栋,王艳.国际贸易政策的发展、演变及其启示[J].南开学报,2002(5).

[115] 佟家栋.贸易自由化、贸易保护与经济利益[M].北京:经济科学出版社,2002.

[116] 佟家栋等.国际贸易政策的发展、演变及其启示[J].南开学报(哲学社会科学版),2002(5).

[117] 佟家栋等.中国对外贸易导论[M].北京:高等教育出版社,2011.

[118] 托马斯·孟(李琼译).英国得自对外贸易的财富[M].北京:华夏出版社,2006.

[119] 托马斯·孟.英国得自对外贸易的财富[M].北京:商务印书馆,1965.

[120] 王根蓓.从出口优先与内需扩大走向中性贸易政策[J].财经研究,2011(2).

[121] 王宏新,刘长庚.存在"贸易顺差悖论"吗——我国改革开放以来对外贸易与经济增长关系探析[J].上海经济研究,2000(8).

[122] 王萍.国外农村劳动力乡城转移理论研究[J].大连海事大学学报,2007(12).

[123] 王世军.入世后关税和配额减让对进口汽车价格的影响[J].数量经济技术经济研究,2003(9).

[124] 王恬.关税减让对我国制造业行业生产率的影响[J].国际商务,2009(3).

[125] 王永齐.对外贸易结构与中国经济增长:基于因果关系的检验[J].世界经济,2004(11).

[126] 吴力波,汤维祺.自由贸易抑或贸易保护——国际贸易的经济增长效应再考察[J].世界经济研究,2010(11).

[127] 西斯蒙第.政治经济学新原理[M].北京:商务印书馆,2007.

[128] 夏先良.论自由贸易和保护贸易[J].财贸经济,1995(10).

[129] 向洪金等.全球化背景下我国出口退税政策的紧急效应[J].数量经济技术经济研究,2010(10).

[130]谢建国．经济影响、政治分歧与制度摩擦——美国对华贸易反倾销实证研究[J]．管理世界,2006(12)．

[131]谢娟娟．后危机时代我国对外贸易政策取向探索[J]．国际经济合作,2009(12)．

[132]邢孝兵．贸易模式与贸易政策研究[M]．北京:经济科学出版社,2010．

[133]熊启泉,杨十二．重新审视进口在经济增长中的作用[J]．国际贸易问题,2005(2)．

[134]徐纯祯,吴宇辉,张东辉．西方经济学[M]．北京:高等教育出版社,2006．

[135]薛进军．发展中国家的国际贸易理论及其对我国的启示[J]．经济研究,1989(7)．

[136]薛荣久．国际贸易(第五版)[M]．北京:对外经济贸易大学出版社,2008．

[137]亚当·斯密．国民财富的性质和原因的研究[M]．北京:商务印书馆,1972．

[138]亚蒂什 N. 巴格瓦纳等(王根蓓译)．高级国际贸易学[M]．上海:上海财经大学出版社,2004．

[139]杨仕辉,邵骏．美国反倾销贸易保护效应的实证分析[J]．商业经济与管理,2011(6)．

[140]杨晓龙、李碧芳、刘戒骄．美国加强制造业的策略选择及启示[J]．当代经济研究,2012(6)．

[141]杨艳红．国际贸易摩擦的新格局[M]．北京:中国社会科学出版社,2009．

[142]杨玉华．马克思经济学与西方经济学国际贸易动力理论的比较[J]．经济纵横,2011(5)．

[143]尹栾玉．马克思国际贸易理论与克鲁格曼新贸易理论之比较[J]．马克思主义研究,2007(5)．

[144]尹翔硕．国际贸易教程[M]．北京:复旦大学出版社,2001．

[145]余斌,李建伟．我国物价上涨的影响因素、趋势与对策[J]．经济界,2011(5)．

[146]余斌,任泽平．我国宏观经济形势判断的基本逻辑——国际金融危机以来的回顾与反思[J]．经济学动态,2011(4)．

[147]原玲玲,杨国昌．宏观调控与美国经济增长——评克林顿政府的经济政策[J]．当代经济研究,2004(5)．

[148]袁志田,刘厚俊．马克思国际贸易理论的时代性与实践性——兼论中国开放型经济[J]．马克思主义研究,2006(2)．

[149]约翰·梅纳德·凯恩斯．就业、利息和货币通论[M]．北京:商务印书馆,1999．

[150]约瑟夫·熊彼特(杨敬年译)．经济分析史[M]．北京:商务印书馆,2005．

[151] 曾令羽. 正确把握当前外贸形势与汇率政策[J]. 对外贸易实务,1999(6).

[152] 张二震. 国际贸易政策的研究与比较[M]. 南京:南京大学出版社,1998.

[153] 张桂文. 中国二元经济结构转换的政治经济学分析[M]. 北京:经济科学出版社,2011.

[154] 张建君. 中国转型经济研究的文献回顾与理论发展[J]. 山东社会科学,2007(7).

[155] 张丽娟,江文旋. 贸易保护政治经济学的产生及其最新发展[J]. 经济学动,2006(7).

[156] 张平. 改革开放30年中国经济增长与结构变革[J]. 现代经济探讨,2008(7).

[157] 张秋菊. 美国实施贸易救济措施代价的实证分析——基于商品价格关联效应的投入产出分析[J]. 世界经济与政治论坛,2008(1).

[158] 张曙光等. 中国贸易保护代价的实证分析[J]. 经济研究,1997(2).

[159] 张维达,宋冬林,谢地. 政治经济学[M]. 北京:高等教育出版社,2004.

[160] 张玮. 国际贸易(第二版)[M]. 北京:高等教育出版社,2011.

[161] 张远鹏. 进口贸易与美国的经济增长[J]. 国际贸易问题 2005(5).

[162] 郑国伟. 2007年进出口关税调整对机械工业的影响与建议[J]. 制造技术与机床,2007(2).

[163] 周春应. 中国进口贸易影响经济增长的传导途径研究[J]. 经济评论,2007(4).

[164] 周毓萍. 动态比较优势与我国的政策取向[J]. 财金贸易,2000(7).

[165] 朱钟棣,杨宝良. 我国进出口贸易格局的演变及其影响[J]. 国际商务研究,2004(3).

[166] Alejandro Cu? at, Marco Maffezzoli. "Can Comparative Advantage Explain the Growth of US Trade?"[J]. The Economic Journal,2007(4).

[167] Andrew B Bernard, Jonathan Eaton, J Bradford Jensen, Samuel Kortum. "Plants and Productivity in International Trade" [J]. *The American Economic Review*,2003(9).

[168] Arvind Panagariya. "Cost of Protection: Where Do We Stand?" [J]. *The American Economic Review*,2002(5).

[169] Balassa, B. "Trade Liberalization and 'revealed' Comparative Advantage", *The Manchester School of Economics and Social Studies*, Vol. 33, March 1965.

[170] Barry Eichengreen, Douglas A Irwin. "The Slide to Protectionism in the Great Depression: Who Succumbed and Why?" [J]. *The Journal of Economic History*,2010(12).

[171] Bond, Eric W, Wang, Ping, Yip, Chong K. "A General Two - sector Model of En-

dogenous Growth with Human and Physical Capital: Balanced Growth and Transitional Dynamics" [J]. *Journal of Economic Theory*,1996(1).

[172] Brecher, Richard A. , Bhagwati, Jagdish N. "Foreign Ownership and the Theory of Trade and Welfare" [J]. *The Journal of Political Economy*,1981(1).

[173] Caroline Freund, Caglar Ozden. "Trade Policy and Loss Aversion" [J]. *The American Economic Review*,2008(9).

[174] Christian Broda, Nuno Limao, David E Weinstein. "Optimal Tariffs and Market Power: The Evidence" [J]. *The American Economic Review*,2008(12).

[175] Cline, William R. . "Macroeconomic Influence on Trade Policy" [J]. *The American Economic Review*,1989(5).

[176] Dalum B, K Laursen, G Villumsen, Structural Change in OECD Export Specialization Patterns: *Oespecialization and Stickiness. International Reviews of Applied Economics*, Vol. 12, December 1998.

[177] Dani Rodrik. "Making Room for China in the World Economy" [J]. *The American Economic Review*,2010(3).

[178] David Greenaway, Wyn Morgan, Peter Wright. "Trade Reform, Adjustment and Growth: What Does the Evidence Tell Us?' [J]. *The Economic Journal*,1998(9).

[179] Eugene Beaulieu, Michael Benarroch, James D. Gaisford. "Intra – industry Trade Liberalization: Why Skilled Workers are More Likely to Support Free Trade" [J]. *Review of International Economics*,2011(8).

[180] Feenstra, Robert C. , Lewis, Tracy R. . "Negotiated Trade Restrictions with Private Political Pressure" [J]. *The Quarterly Journal of Economics*,1991(11).

[181] Gene M Grossman, Elhanan Helpman. "Protection for Sale" [J]. *The American Economic Review*,1994(9).

[182] Gene M Grossman, Elhanan Helpman. "Trade Wars and Trade Talks" [J]. *The Journal of Political Economy*,1995(8).

[183] George K Zestos, Xiangnan Tao. "Trade and GDP growth: Causal Relations in the United States and Canada" [J]. *Southern Economic Journal*,2002(4).

[184] Gilles Saint – Paul. "The Political Economy of Employment Protection" [J]. *The Journal of Political Economy*,2001(6).

[185] Jialin Guan, "An Empirical Analysis on US Foreign Trade and Economic Growth" [J]. *AASRI Procedia*2012, CPCI – SSH,2012(10).

[186] Harrison, Ann E. "An Empirical Test of the Infant Industry Argument: Comment"

[J]. *The American Economic Review*, 1994(9).

[187] Lall S, "Technological Structure and Performance of Developing Country Manufactured Exports, 1985 – 98". *Oxford Development Studies*, Vol. 28, 2000(3).

[188] Lee, Hiro, Roland – Holst, David. "Shifting Comparative Advantage and the Employment Effects of US – Japan Trade" [J]. *The World Economy*, 1994(5).

[189] Mario Larch, Wolfgang Lechthaler. "'Buy National' and Protectionism in the Great Recession – Can it work?" [J]. *Intereconomics*, 2011(8).

[190] Marvel, Howard P., Ray, Edward John. "Intraindustry Trade: Sources and Effects on Protection" [J]. *The Journal of Political Economy*, 1987(12).

[191] Michael P. Dooley. The US Current Account Deficit and Economic Development: Collateral for a Total Return Swap, *NBER Working Paper* 10727, 2004(8).

[192] Nicholas Bowden, James E Payne. "The Causal Relationship between U. S. Energy Consumption and Real Output: A Disaggregated Analysis" [J]. *Journal of Policy Modeling*, 2009(3 –4).

[193] Ohmae, Kenichi. "The Boundaries of Business: The Perils of Protectionism" [J]. *Harvard Business Review*, 1991(7 –8).

[194] Pankaj Ghemawat. "Finding Your Strategy in the New Landscape" [J]. *Harvard Business Review*, 2010(3).

[195] Quy – Toan Do, Andrei A Levchenko. "Trade, Inequality, and the Political Economy of Institutions" [J]. *Journal of Economic Theory*, 2009(7).

[196] Ralph Ossa. "A 'New Trade' Theory of GATT/WTO Negotiations" [J]. *The Journal of Political Economy*, 2011(2).

[197] Ray, Edward John. "The Determinants of Tariff and Nontariff Trade Restrictions in the United States" [J]. *The Journal of Political Economy*, 1981(2).

[198] Regina M Abrami. "Preferential Treatment: The New Face of Protectionism?" [J]. *Harvard Business Review*, 2009(7 –8).

[199] Ricardo J. Caballero, on the Macroeconomics of Asset Shortage. *MIT Department of Economics Working Paper* No. 06 – 30, 2006(11).

[200] Srinivasan, T. N.. "External Sector In Development: China and India, 1950 – 89" [J]. *The American Economic Review*, 1990(5).

[201] Theo Eicher, Thomas Osang. "Protection for sale: An empirical investigation: Comment" [J]. *The American Economic Review*, 2002(12).

[202] Tornell, Aaron. "Time Inconsistency of Protectionist Programs" [J]. *The Quarterly*

Journal of Economics, 1991(8).

[203] Trefler, Daniel. "Trade Liberalization and the Theory of Endogenous Protection: An Econometric Study of U. S. Import Policy" [J]. *The Journal of Political Economy*, 1993(2).

[204] Xenia Matschke, Shane M Sherlund. "Do Labor Issues Matter in the Determination of U. S. Trade Policy? An Empirical Reevaluation" [J]. *The American Economic Review*, 2006 (3).

[205] Yu Hong, Jialin Guan, Hongwei Su. "Can Export Facilitation Improve Chinese Comparative Advantage?" [J]. *Advances in Information Sciences and Service Sciences*, No. 19, 2012(4).

附　录

附录表 1　中国对外贸易政策干预指数(初级产品 PP):1987—2011 年

年份	国际竞争力指数	实际比较优势指数	贸易政策干预指数
1987	0.4580	0.3061	0.1519
1988	0.3762	0.2468	0.1294
1989	0.2424	0.1738	0.0686
1990	0.4038	0.2162	0.1876
1991	0.3735	0.2283	0.1453
1992	0.2127	0.1578	0.0549
1993	0.2394	0.2172	0.0223
1994	0.2638	0.1901	0.0737
1995	0.0255	0.0030	0.0225
1996	− 0.0007	− 0.0004	− 0.0003
1997	− 0.0131	− 0.0198	0.0067
1998	0.0278	− 0.0032	0.0310
1999	− 0.0851	− 0.0407	− 0.0444
2000	− 0.2973	− 0.1513	− 0.1460
2001	− 0.2460	− 0.1162	− 0.1298
2002	− 0.2488	− 0.1184	− 0.1304
2003	− 0.3427	− 0.1683	− 0.1744
2004	− 0.4641	− 0.2497	− 0.2144
2005	− 0.4849	− 0.2646	− 0.2203
2006	− 0.5054	− 0.2963	− 0.2091
2007	− 0.5575	− 0.3331	− 0.2244
2008	− 0.6367	− 0.3829	− 0.2538
2009	− 0.6429	− 0.3863	− 0.2566
2010	− 0.6826	− 0.4070	− 0.2756
2011	− 0.7116	− 0.4055	− 0.3061

附录表 2　中国对外贸易政策干预指数（农业制成品 RB1）：1987—2011 年

年份	国际竞争力指数	实际比较优势指数	贸易政策干预指数
1987	−0.2880	−0.1520	−0.1360
1988	−0.3675	−0.1655	−0.2019
1989	−0.2035	−0.0761	−0.1274
1990	−0.1121	−0.0579	−0.0543
1991	−0.0908	−0.0503	−0.0405
1992	−0.0319	−0.0313	−0.0007
1993	0.0390	0.0523	−0.0133
1994	−0.0554	−0.0213	−0.0341
1995	−0.0586	−0.0343	−0.0243
1996	−0.0254	−0.0171	−0.0083
1997	−0.0543	−0.0646	0.0103
1998	−0.1052	−0.1034	−0.0018
1999	−0.1932	−0.1484	−0.0448
2000	−0.1470	−0.1043	−0.0427
2001	−0.1006	−0.0776	−0.0231
2002	−0.1092	−0.0877	−0.0216
2003	−0.1332	−0.1037	−0.0295
2004	−0.1013	−0.0838	−0.0174
2005	0.0122	−0.0289	0.0410
2006	0.0649	−0.0062	0.0711
2007	0.0421	−0.0394	0.0815
2008	−0.0161	−0.0772	0.0610
2009	−0.0247	−0.0772	0.0525
2010	−0.0551	−0.0781	0.0229
2011	−0.0568	−0.0833	0.0265

附录表3   中国对外贸易政策干预指数(其他资源型制成品 RB2):1987—2011 年

年份	国际竞争力指数	实际比较优势指数	贸易政策干预指数
1987	0.0401	0.0553	-0.0152
1988	-0.0386	0.0224	-0.0610
1989	-0.0485	0.0273	-0.0758
1990	0.1289	0.0606	0.0683
1991	0.0122	0.0035	0.0087
1992	-0.1074	-0.0624	-0.0450
1993	-0.2872	-0.1340	-0.1532
1994	-0.1150	-0.0653	-0.0497
1995	-0.0246	-0.0219	-0.0027
1996	-0.0121	-0.0092	-0.0029
1997	-0.0709	-0.0809	0.0100
1998	-0.0606	-0.0813	0.0207
1999	-0.1465	-0.1159	-0.0306
2000	-0.2024	-0.1405	-0.0619
2001	-0.2099	-0.1544	-0.0555
2002	-0.1829	-0.1355	-0.0474
2003	-0.2326	-0.1625	-0.0701
2004	-0.3152	-0.2252	-0.0901
2005	-0.2980	-0.2424	-0.0556
2006	-0.3190	-0.2557	-0.0634
2007	-0.3634	-0.3055	-0.0579
2008	-0.3649	-0.3160	-0.0490
2009	-0.4207	-0.3689	-0.0518
2010	-0.4518	-0.3758	-0.0760
2011	-0.4787	-0.3791	-0.0995

附录表4　中国对外贸易政策干预指数(纺织服装类产品 LT1):1987—2011 年

年份	国际竞争力指数	实际比较优势指数	贸易政策干预指数
1987	0.5429	0.4102	0.1328
1988	0.5400	0.4304	0.1096
1989	0.5631	0.4423	0.1208
1990	0.5692	0.4425	0.1266
1991	0.5520	0.4490	0.1030
1992	0.6067	0.4649	0.1418
1993	0.6214	0.5008	0.1206
1994	0.6421	0.4975	0.1447
1995	0.6196	0.4603	0.1593
1996	0.5892	0.4604	0.1288
1997	0.6370	0.4696	0.1673
1998	0.6503	0.4755	0.1748
1999	0.6538	0.4881	0.1658
2000	0.6565	0.4938	0.1627
2001	0.6596	0.4907	0.1689
2002	0.6784	0.4924	0.1860
2003	0.7095	0.5121	0.1974
2004	0.7273	0.5180	0.2093
2005	0.7617	0.5300	0.2317
2006	0.7863	0.5428	0.2435
2007	0.8088	0.5501	0.2587
2008	0.8250	0.5568	0.2682
2009	0.8271	0.5665	0.2606
2010	0.8275	0.5652	0.2623
2011	0.8336	0.5583	0.2753

附录表 5　中国对外贸易政策干预指数(其他低技术产品 LT2):1987—2011 年

年份	国际竞争力指数	实际比较优势指数	贸易政策干预指数
1987	− 0. 2593	− 0. 2191	− 0. 0403
1988	− 0. 1252	− 0. 0773	− 0. 0479
1989	− 0. 1047	− 0. 1056	0. 0010
1990	0. 2400	0. 0883	0. 1518
1991	0. 3604	0. 1636	0. 1968
1992	0. 3816	0. 2031	0. 1785
1993	0. 0817	0. 0206	0. 0611
1994	0. 2837	0. 1519	0. 1318
1995	0. 4408	0. 2419	0. 1989
1996	0. 4020	0. 2231	0. 1789
1997	0. 5085	0. 2856	0. 2230
1998	0. 5394	0. 3143	0. 2251
1999	0. 5129	0. 3125	0. 2004
2000	0. 5053	0. 3223	0. 1829
2001	0. 4991	0. 3121	0. 1870
2002	0. 4876	0. 3051	0. 1825
2003	0. 4172	0. 2540	0. 1632
2004	0. 4795	0. 3019	0. 1776
2005	0. 5181	0. 3145	0. 2036
2006	0. 6079	0. 3555	0. 2523
2007	0. 6321	0. 3513	0. 2808
2008	0. 6602	0. 3699	0. 2903
2009	0. 6167	0. 3625	0. 2542
2010	0. 6345	0. 3763	0. 2581
2011	0. 6722	0. 3866	0. 2856

附录表6　中国对外贸易政策干预指数(自动化产品 **MT1**):1987—2011 年

年份	国际竞争力指数	实际比较优势指数	贸易政策干预指数
1987	−0.2932	−0.1183	−0.1749
1988	−0.2579	−0.0755	−0.1824
1989	−0.1429	−0.0280	−0.1149
1990	−0.0728	−0.0686	−0.0042
1991	−0.0977	−0.0676	−0.0300
1992	−0.6375	−0.2241	−0.4134
1993	−0.6981	−0.2682	−0.4299
1994	−0.6238	−0.2470	−0.3768
1995	−0.3059	−0.0409	−0.2650
1996	−0.2114	−0.0102	−0.2012
1997	−0.0410	−0.0086	−0.0325
1998	−0.0266	0.0138	−0.0405
1999	−0.0021	0.0447	−0.0468
2000	0.0307	0.0934	−0.0627
2001	−0.0434	0.0840	−0.1274
2002	−0.1230	0.0654	−0.1884
2003	−0.2497	0.0044	−0.2541
2004	−0.1108	0.0494	−0.1603
2005	0.0908	0.0981	−0.0073
2006	0.0818	0.0755	0.0063
2007	0.1399	0.0851	0.0548
2008	0.1458	0.0894	0.0564
2009	−0.0539	0.0090	−0.0629
2010	−0.1691	−0.0532	−0.1159
2011	−0.1799	−0.0744	−0.1055

附录表 7   中国对外贸易政策干预指数(加工工业产品 MT2):1987—2011 年

年份	国际竞争力指数	实际比较优势指数	贸易政策干预指数
1987	- 0.5341	- 0.3812	- 0.1529
1988	- 0.5845	- 0.4270	- 0.1575
1989	- 0.5530	- 0.3861	- 0.1669
1990	- 0.4357	- 0.3468	- 0.0889
1991	- 0.5027	- 0.3885	- 0.1142
1992	- 0.5532	- 0.3820	- 0.1712
1993	- 0.5979	- 0.3807	- 0.2172
1994	- 0.4558	- 0.2884	- 0.1673
1995	- 0.3279	- 0.2121	- 0.1159
1996	- 0.4278	- 0.2435	- 0.1843
1997	- 0.3513	- 0.2451	- 0.1062
1998	- 0.3674	- 0.2637	- 0.1036
1999	- 0.4322	- 0.2838	- 0.1484
2000	- 0.3767	- 0.2319	- 0.1448
2001	- 0.4253	- 0.2657	- 0.1596
2002	- 0.4498	- 0.2844	- 0.1654
2003	- 0.3970	- 0.2424	- 0.1546
2004	- 0.2866	- 0.1737	- 0.1129
2005	- 0.2447	- 0.1650	- 0.0797
2006	- 0.1774	- 0.1365	- 0.0410
2007	- 0.1077	- 0.1032	- 0.0045
2008	- 0.0638	- 0.0802	0.0163
2009	- 0.2870	- 0.2034	- 0.0836
2010	- 0.1777	- 0.1254	- 0.0523
2011	- 0.1054	- 0.0810	- 0.0244

附录表 8　中国对外贸易政策干预指数(工程类产品 MT3):1987—2011 年

年份	国际竞争力指数	实际比较优势指数	贸易政策干预指数
1987	− 0.6736	− 0.4510	− 0.2226
1988	− 0.5448	− 0.3040	− 0.2408
1989	− 0.4802	− 0.2592	− 0.2210
1990	− 0.3309	− 0.2169	− 0.1140
1991	− 0.3021	− 0.1792	− 0.1230
1992	− 0.3734	− 0.2464	− 0.1271
1993	− 0.4975	− 0.3042	− 0.1933
1994	− 0.4141	− 0.2857	− 0.1284
1995	− 0.3316	− 0.2440	− 0.0877
1996	− 0.3158	− 0.2169	− 0.0989
1997	− 0.1389	− 0.1202	− 0.0186
1998	− 0.0717	− 0.0793	0.0076
1999	− 0.0708	− 0.0560	− 0.0147
2000	− 0.0359	− 0.0231	− 0.0128
2001	− 0.0652	− 0.0375	− 0.0277
2002	− 0.0500	− 0.0260	− 0.0240
2003	− 0.0452	− 0.0234	− 0.0218
2004	− 0.0324	− 0.0200	− 0.0125
2005	0.0795	0.0299	0.0496
2006	0.1244	0.0369	0.0875
2007	0.1719	0.0486	0.1233
2008	0.2250	0.0771	0.1478
2009	0.2192	0.0825	0.1366
2010	0.1873	0.0838	0.1036
2011	0.1833	0.0643	0.1190

附录表9 中国对外贸易政策干预指数(电子器件及电气产品 HT1):1987—2011 年

年份	国际竞争力指数	实际比较优势指数	贸易政策干预指数
1987	− 0. 6427	− 0. 3135	− 0. 3292
1988	− 0. 6084	− 0. 2823	− 0. 3262
1989	− 0. 5227	− 0. 2388	− 0. 2839
1990	− 0. 3705	− 0. 2339	− 0. 1366
1991	− 0. 3272	− 0. 1918	− 0. 1355
1992	− 0. 2573	− 0. 1434	− 0. 1139
1993	− 0. 2545	− 0. 1069	− 0. 1476
1994	− 0. 1907	− 0. 1129	− 0. 0778
1995	− 0. 0766	− 0. 0708	− 0. 0058
1996	0. 0048	− 0. 0192	0. 0240
1997	0. 0400	− 0. 0383	0. 0784
1998	0. 0137	− 0. 0547	0. 0685
1999	− 0. 0415	− 0. 0667	0. 0252
2000	− 0. 0479	− 0. 0566	0. 0087
2001	− 0. 0202	− 0. 0402	0. 0200
2002	0. 0071	− 0. 0282	0. 0354
2003	0. 0413	− 0. 0010	0. 0423
2004	0. 0827	0. 0271	0. 0555
2005	0. 1152	0. 0268	0. 0883
2006	0. 1424	0. 0340	0. 1084
2007	0. 1806	0. 0498	0. 1308
2008	0. 2179	0. 0750	0. 1430
2009	0. 2045	0. 0824	0. 1221
2010	0. 2150	0. 1050	0. 1100
2011	0. 2273	0. 1090	0. 1183

附录表 10　中国对外贸易政策干预指数(其他高科技产品 HT2):1987—2011 年

年份	国际竞争力指数	实际比较优势指数	贸易政策干预指数
1987	− 0.5274	− 0.3155	− 0.2119
1988	− 0.4219	− 0.1996	− 0.2224
1989	− 0.3699	− 0.1686	− 0.2013
1990	− 0.3555	− 0.2136	− 0.1418
1991	− 0.4066	− 0.2327	− 0.1740
1992	− 0.3193	− 0.2041	− 0.1151
1993	− 0.3769	− 0.2067	− 0.1701
1994	− 0.4177	− 0.2898	− 0.1279
1995	− 0.1308	− 0.0964	− 0.0344
1996	− 0.2348	− 0.1699	− 0.0650
1997	− 0.2078	− 0.1967	− 0.0111
1998	− 0.1821	− 0.1777	− 0.0044
1999	− 0.1985	− 0.1610	− 0.0375
2000	− 0.1594	− 0.1167	− 0.0427
2001	− 0.3646	− 0.2252	− 0.1394
2002	− 0.4208	− 0.2251	− 0.1957
2003	− 0.4674	− 0.1948	− 0.2726
2004	− 0.4752	− 0.1790	− 0.2961
2005	− 0.4250	− 0.1750	− 0.2500
2006	− 0.4310	− 0.2043	− 0.2267
2007	− 0.3514	− 0.1698	− 0.1815
2008	− 0.3103	− 0.1553	− 0.1550
2009	− 0.3006	− 0.1607	− 0.1400
2010	− 0.3018	− 0.1615	− 0.1404
2011	− 0.2779	− 0.1559	− 0.1220

附录表 11 中国对外贸易政策干预指数(其他未分类产品 OTHER):1987—2011 年

年份	国际竞争力指数	实际比较优势指数	贸易政策干预指数
1987	0.7766	− 0.0371	0.8136
1988	0.6421	− 0.0918	0.7339
1989	0.2798	− 0.5224	0.8022
1990	0.4318	− 0.2842	0.7161
1991	0.2560	− 0.4485	0.7045
1992	− 0.3305	− 0.4848	0.1543
1993	− 0.3684	− 0.5821	0.2137
1994	− 0.2049	− 0.5457	0.3408
1995	− 0.1364	− 0.5622	0.4258
1996	− 0.2831	− 0.6193	0.3362
1997	− 0.1903	− 0.4450	0.2547
1998	− 0.2050	− 0.3898	0.1848
1999	− 0.2591	− 0.4874	0.2283
2000	− 0.2067	− 0.5342	0.3275
2001	− 0.1473	− 0.5519	0.4046
2002	− 0.0900	− 0.5721	0.4821
2003	0.0401	− 0.6080	0.6481
2004	0.0219	− 0.6243	0.6462
2005	0.0320	− 0.6131	0.6451
2006	0.1179	− 0.6122	0.7302
2007	0.1015	− 0.5799	0.6814
2008	− 0.0538	− 0.5917	0.5379
2009	0.0004	− 0.5581	0.5585
2010	− 0.5245	− 0.5631	0.0386
2011	− 0.7161	− 0.3980	− 0.3181

后　记

　　时光如白驹过隙,忽然而已。转眼间,这部书稿已厚厚一叠,垒于眼前。回想整个写作过程,千思万绪涌入心头。太多的感慨、太多的辛酸,但更多的是感谢!

　　本书是在我博士学位论文的基础上修改成稿的。首先要感谢我的博士生导师宋冬林教授,他深厚的知识底蕴、高瞻远瞩的视野和高屋建瓴的思想深深地感染了我,真正开启了我从事科学研究的大门。在入学之初宋老师便为我指明了学习的方向:第一,既要重视理论研究,又要重视实证研究;第二,要加强英语能力的培养,阅读外文文献,以掌握最新的学术动态。为此,一方面,我加强了政治经济学理论和计量经济学方法的学习;另一方面,我阅读大量的英文文献,通过双语教学方式巩固和提高英语能力,还尝试着撰写英文学术论文。宋老师的提点为我撰写博士学位论文打下了坚实的基础。我还要特别感谢我的师母赵老师。如果说宋老师教会了我如何做一个严谨治学的学者,师母则教会了我如何做一个尽职的妻子、无私的母亲和豁达的女人。

　　其次,我要感谢在博士学位论文开题答辩中为我提出宝贵意见的杜莉教授和毛健教授。感谢焦方义教授、王询教授、张东辉教授、金兆怀教授、支大林教授、吴宇辉教授对我博士学位论文提出的评议意见。感谢马春文教授、魏旭教授对论文提出的建议。

　　再次,我要感谢吉林财经大学国际经济贸易学院的领导和同事们对我读博的支持和关心。感谢我的硕士生导师杨云母教授。一直以来,她都像关心自己女儿一样关心我的成长,她持之以恒的治学态度和正直的人品将令我永远铭记并终生学习。我还要感谢我的同事洪宇老师,在我撰写论文的过程中,他多次对我的思路拓展和启发,尤其是在实证分析部分更加细心地指导。

　　最后,我要感谢我的父亲、母亲和妹妹在我撰写博士学位论文期间对我儿子无微不至的照顾,对我焦躁情绪的无限宽容。感谢我的爱人对我学习和工作的全力支持,耐心听我一遍遍梳理毕业论文的逻辑思路,细心帮我修改论文中文字表述的不妥之处。感谢我可爱懂事的儿子,你给了妈妈无限的动力。在我读博之后取得的一定的成绩,这与所有关心和帮助我的人是分不开的。在今后更加漫长的学术研究道路上,我将继续努力,争取更大的成绩。

　　路漫漫其修远兮,吾将上下而求索!

关嘉麟

2014 年 8 月

图书在版编目（CIP）数据

转型时期中国对外贸易政策研究／关嘉麟著. —北京：人民出版社，2014.12
ISBN 978-7-01-014250-0

Ⅰ. ①转…　Ⅱ. ①关…　Ⅲ. ①对外贸易政策—研究—中国　Ⅳ. ①F752.0

中国版本图书馆 CIP 数据核字（2014）第 283214 号

转型时期中国对外贸易政策研究

ZHUANXING SHIQI ZHONGGUO DUIWAI MAOYI ZHENGCE YANJIU

关嘉麟　著

策划编辑：张肖旸

责任编辑：巴能强　张肖旸

封面设计：张　煜

出版发行：人民出版社

地　　址：北京市东城区隆福寺街 99 号

邮　　编：100706

邮购电话：(010) 65250042　65258589

印　　刷：环球印刷（北京）有限公司

经　　销：新华书店

版　　次：2014 年 12 月第 1 版　2014 年 12 月北京第 1 次印刷

开　　本：710 毫米×1000 毫米　1/16

印　　张：10.75

字　　数：160 千字

书　　号：ISBN 978-7-01-014250-0

定　　价：38.00 元